1人でできるスポーツ マッサージ & ストレッチ

コンディショニングトレーナー
前波卓也 著

マイナビ

Prologue
はじめに

長くスポーツを楽しむために

近年、ランニングブームに代表されるようにスポーツにいそしむ人の数が増加しています。

いつまでも若々しくいたい。

できるだけ長く、健康なカラダを保っていたい。

多くの人は、そんな想いからカラダを動かしているのではないでしょうか。素晴らしい取り組みですし、私もコンディショニングトレーナーという職を通して、そんな方々を応援しています。

しかし、皮肉なことに、スポーツにいそしむ人が増えたのに比例してスポーツでけがをする人の数も増えています。

健康であるためにスポーツを始めたのに、結果としてカラダを痛めてしまう……。これは、とても残念なことです。

スポーツマッサージや、ストレッチは、そんなけがや痛みの改善

1人でできるスポーツマッサージ&ストレッチ

に役立ちます。けがが回復すれば、スポーツを存分に楽しめるのですから、焦らず入念にカラダをケアしていきましょう。

ただ、私が願うのは、皆さんに、けがをする前にカラダのケアの必要性に気づいてもらいたいということです。

「けがをしてからやるんじゃなくて、もっと早い時期からマッサージやストレッチをやっておけばよかった」

そんな声を私は、幾度となく聞いてきました。

健康な時は、自分がけがに悩む姿がうまく想像できないのだと思います。でも、それは、とても危険なことなのです。少なくとも、この本を手にしたあなたは、カラダのケアの重要性を認識してください。

本書では、パートナーがいなくても1人でできるスポーツマッサージとストレッチを幅広く紹介しています。どれも難易度の高いものではなく、部屋の中でそれほど時間をかけずにできるものばかりです。

長くスポーツを楽しむために、健康であり続けるために今日から、マッサージとストレッチを始めることをオススメします。

Contents

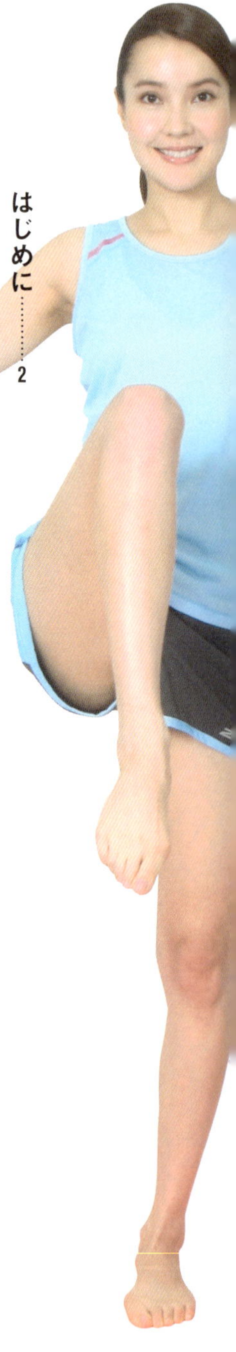

RESET

RESET

アクティブリセット

Contents

Chapter 2 スポーツマッサージ編 その2

Contents

「スポーツマッサージ」&「ストレッチ」を始める前に知っておきたいこと

パフォーマンスを向上させ、けがに強くなる

5つのポイント!!

Massage Stretch

01 全身の主な筋肉

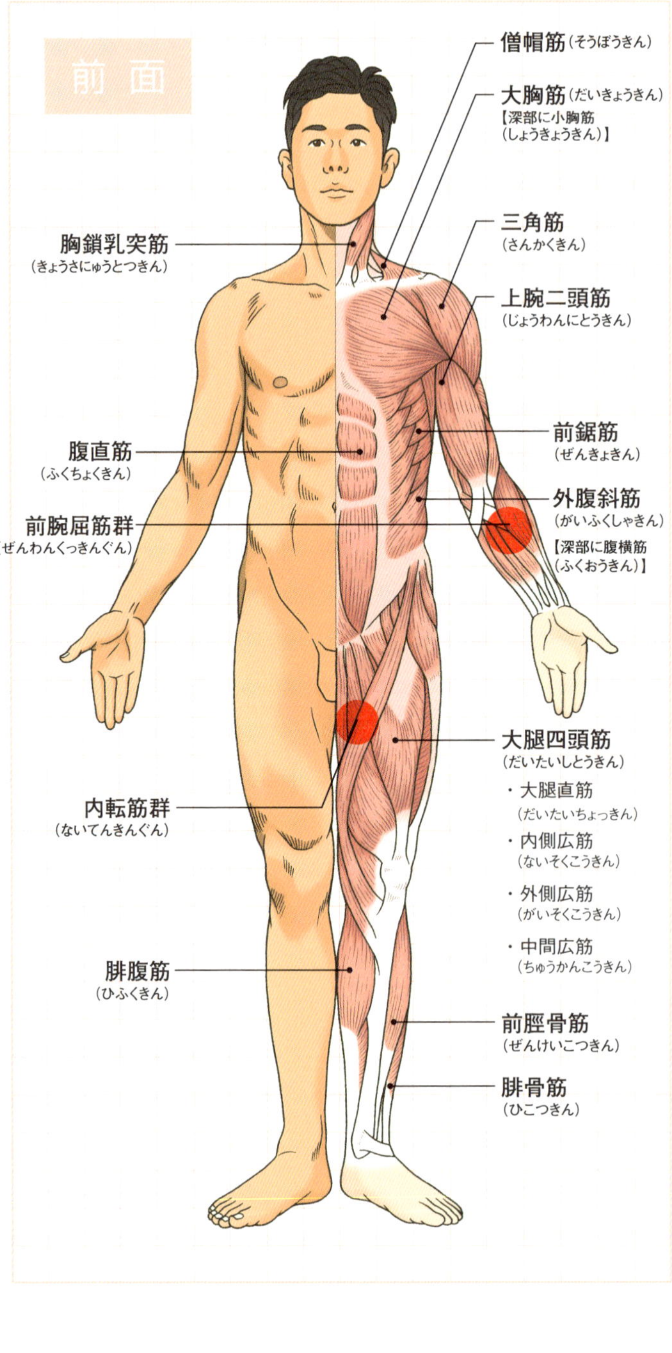

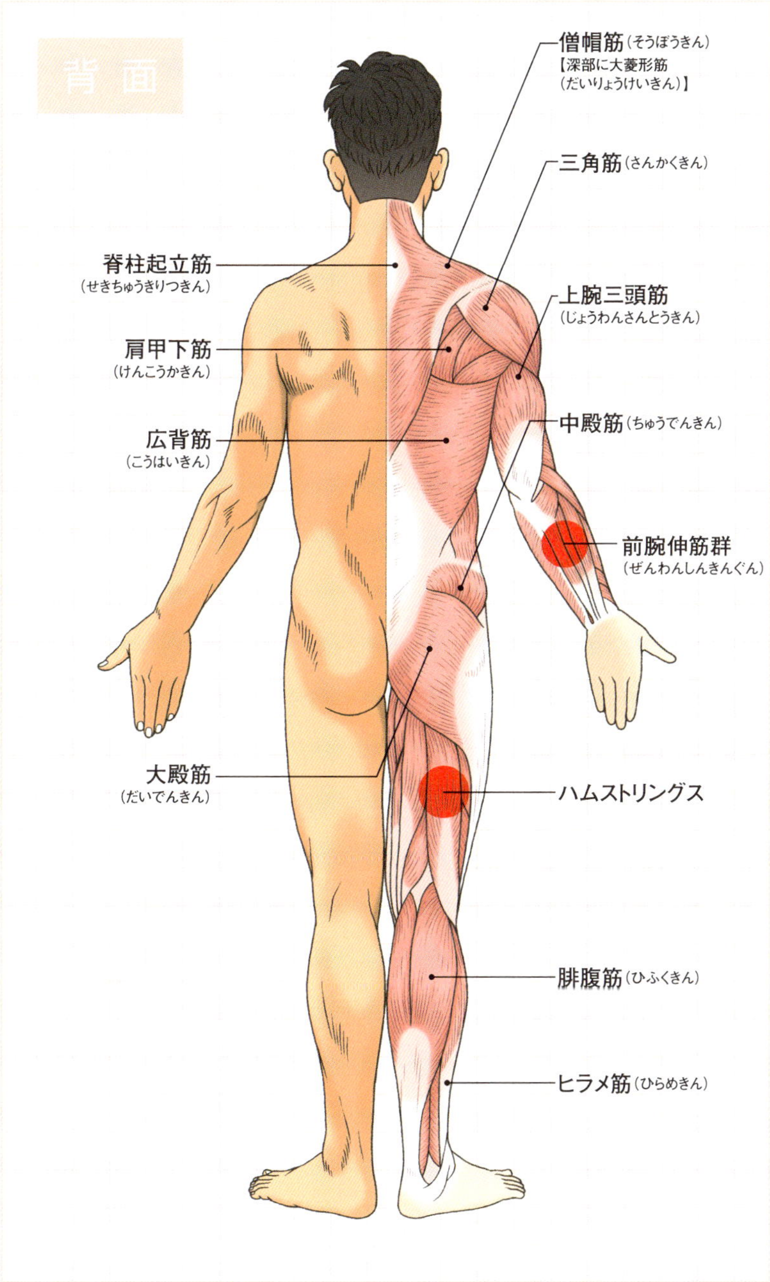
背面
僧帽筋（そうぼうきん）
【深部に大菱形筋
（だいりょうけいきん）】
三角筋（さんかくきん）
脊柱起立筋
（せきちゅうきりつきん）
上腕三頭筋
（じょうわんさんとうきん）
肩甲下筋
（けんこうかきん）
中殿筋（ちゅうでんきん）
広背筋
（こうはいきん）
前腕伸筋群
（ぜんわんしんきんぐん）
大殿筋
（だいでんきん）
ハムストリングス
腓腹筋（ひふくきん）
ヒラメ筋（ひらめきん）

Massage Stretch

02

カラダのケアを怠ると人はどうなるのか？

一度、自分の全身を鏡に映し出してみよう

あなたは、自分の姿勢を意識したことがありますか？もし、ないのであれば一度、全身を鏡に映してみてください。たかが姿勢と思うかもしれませんが、日ごろのスポーツによる、疲労や偏った動作パターンは筋肉や骨格のバランスを崩してしまうことがとても多いのです。

また、けがやカラダの痛みを押して競技に取り組むことでも、さまざまな身体トラブルが発生し、姿勢や動作に表れます。こういった悪循環を断つために必要なのがカラダのケアです。

誤解を恐れずにいえばスポーツを行うことは、いわばカラダにリスクを課している行為です。エネルギーを消費し、筋肉や関節に負荷をかけたまま放置すれば、カラダは痛むばかりです。スポーツを行った後は適切な栄養を取り、マッサージやストレッチを行うことで硬くなった筋肉を十分にほぐすことが必要なのです。

まずは自分のカラダを再点検することが必要です。本書のマッサージやストレッチでケアの習慣を身に付けましょう。そうすることで、あなたの姿勢は良化され、スタイルアップ、そして、パフォーマンスの向上が望めます。

姿勢の悪い人

反り腰

上体が反りすぎている。
腰痛に悩まされやすい。

猫背

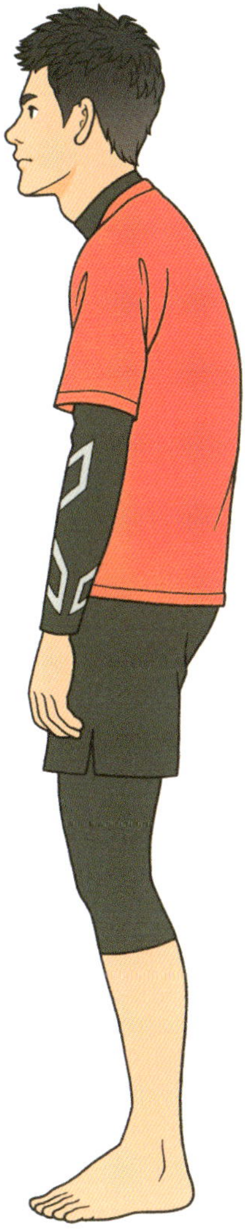

重力に負けて腰が落ち、
骨盤が後傾している。

姿勢の良い人

理想的な姿勢

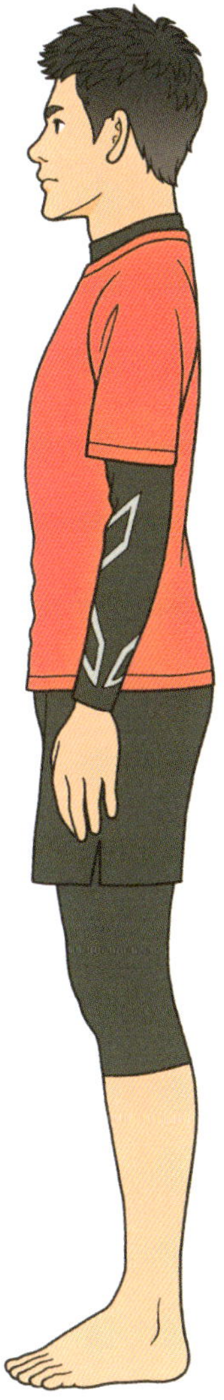

重力に負けることなくバラン
スが良い姿勢を保てている。

Massage　Stretch

03

「リセット」▶「マッサージ」▶「ストレッチ」が理想のカラダを作る!

ストレッチを始める前に行うべき準備とは……

筋肉を伸ばす（縮める）ストレッチは、しなやかで健康なカラダをはぐくむうえで欠かせないものです。スポーツシーンだけでなく日常生活の中に取り組むことを強くオススメします。

でも、せっかく日々ストレッチを行うのであれば、それを、さらに効果的なものにしたいとは思いませんか?

ここでは、正しいカラダのケアの仕方について説明します。

ストレッチは筋肉を柔軟にし、また関節の可動域を広げることを主目的としています。ならば関節部を正常な状態にし、また筋肉を伸ばしやすいように準備しておく必要があるでしょう。そのためにすべきことが、「リセット」と「マッサージ」。

まず、リセットで関節周りの詰まりを取り除いてゆるめ、その後にマッサージで筋肉をしっかりとほぐします。こうすることでカラダにたまった疲労をとり、痛みやけがの改善につながります。また、こうした肉体の準備を経てからストレッチをカラダに施せば、その効果は倍増するのです。

リセット（21ページから解説）→マッサージ（53ページから解説）→ストレッチ（91ページから解説）が、あなたに理想の肉体をもたらしてくれます。

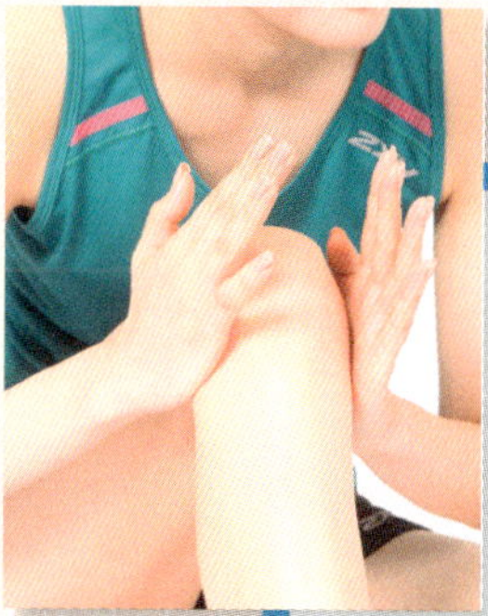

ゆるめる
＜リセット＞
Reset

関節周りを入念にケアしていく。日常生活の中で積み重なったカラダのゆがみを取り除こう。

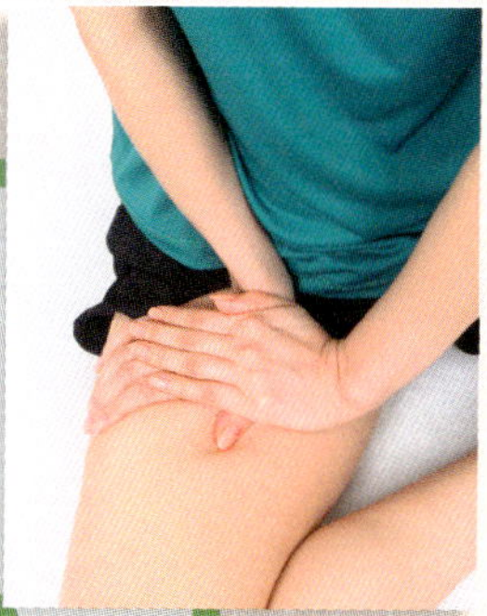

ほぐす
＜マッサージ＞
Massage

部位別のセルフマッサージやボールを使ったマッサージで硬くなった筋肉をほぐす。

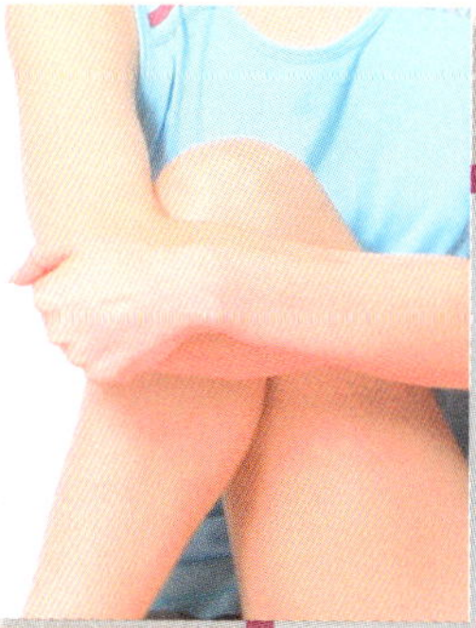

伸ばす
＜ストレッチ＞
Stretch

さまざまな箇所をしっかりと伸ばす。これにより筋肉の柔軟性、関節の広い可動域を獲得できる。

Massage Stretch

04

形だけをまねてもダメ！しっかりと「ほぐし」と「伸び」を感じよう

効果を求めて、マッサージとストレッチは行うべき

スポーツマッサージ、ストレッチを始める前に、一つ大切な注意点を述べておきます。それは、動作だけをまねて行っても、期待通りの大きな効果は得られない、ということです。

マッサージにおいて一番大切なのは、筋肉がほぐされている感覚を得ること。また、ストレッチにおいては筋肉の伸びをしっかりと感じることです。単に動きだけをまねて、それで満足し「ほぐし」や「伸び」を感じられていなければ、マッサージやストレッチを行う意味がありません。

左ページを見てください。これは、第3章の95ページで紹介している「STRETCH 1」、太もも裏側を伸ばすストレッチです。ここでのポイントは、ひざを床から浮かすことなく十分に太もも裏側の伸びを感じること。右手をつま先に届かせることではありません。無理に右手をつま先に届かせようとして、ひざを床から浮かせてしまっては効果が得られないのです。

まだカラダが硬くて、右手がつま先に届かないのであれば、無理をしなくても大丈夫。右手は届く範囲で構いませんから、太ももの裏に伸びを感じることを心掛けましょう。

○

伸ばした脚のひざを床から浮かせないことで太もも裏側に、しっかりと伸びを感じることができる。

×

伸ばした脚のひざを曲げてしまっては、太もも後面に伸びを感じることはできない。右手が、つま先に届かなくてもよいから、太もも裏側の伸びを優先して上体を前に倒そう。

Massage Stretch

05

トレーニングを始める前に自分のカラダをチェックしておこう!

2週間ごとに自分のカラダの柔軟度を確認

スポーツマッサージ、ストレッチを始める前に、まずは自分のカラダの柔軟度をチェックしておきましょう。次のページで紹介している〈柔軟バロメーター（上体前倒し）〉をやってみてください。

カラダの硬い人は、上体を前へ大きく倒すことができず、背中と腕の角度も深くは保てないと思います。それでも構いませんから、まずはやってみて、自分のカラダの状態をしっかりと認識しましょう。

それから日々、スポーツマッサージ、ストレッチを続けます。本来は、本書で紹介しているすべての種目を毎日、行うのが理想ですが、「そんなに時間を割けない」という人も少なくないことでしょう。10種目、いや、5種目、2種目からでも構いませんから毎日やってみてください。

そして2週間が経過したら、柔軟バロメーター（上体前倒し）を再度やってみます。恐らくは、トレーニング開始前よりも、あなたのカラダは柔軟になっているはず。そのことを確認してモチベーションを上げたら、その後もカラダのケアを続けていきましょう。2週間ごとにカラダの柔軟度チェックを行うことをオススメします。

柔軟バロメーター（上体前倒し）

真っすぐに立ち、両腕を後方に回し指を絡める。ひじは真っすぐに。この姿勢から上体を前方に倒していこう。

カラダが硬いと上体をほとんど前に倒せない。腕と背中の角度も小さい。

腕と背中の角度が90度に近付いたなら、まずは合格点。さらに柔軟性を養っていこう。

ここまで上体を倒すことができれば、あなたのカラダの基本的柔軟性は良好な状態。

column 1

行う回数、時間帯は、あえて決めない！

4分＋4分＋4分＋4分＋4分……これで20分！

セルフマッサージをする。ストレッチを始める。その時に、気負ったり身構えたりしてしまう人を、よく見かけます。

でも、そんな必要は、全くありません。もっと簡単に考えてみてください。

計画を立てて、やり方を熟知して、トレーニングウェアに着替えて、床の上にマットを敷いて、すべての準備を整えてから行う。それはベストであり、素晴らしい取り組み方です。ただ、セルフマッサージ、ストレッチは、そうしなければ始められない、できないというものではないのです。

日々、会社勤めをしていれば、朝早く起きて出社、帰宅は終電近くという方も少なくありません。「ストレッチだけに時間を割くのは無理」と考える人も多くいると思います。でも、そうではないのです。何も、30分、1時間をわざわざ割かなくてもよいのです。

マッサージやストレッチを行う場所はどこでもよく、時間も1分でも2分でも構いません。例えば、出勤途中に駅のホームで電車を待っている間、電車に乗ってシートに座っている間、あるいはオフィスでトイレへ行くついでにもできるものなのです。20分のトレーニングタイムを確保するのは大変でも、4分＋4分＋4分＋4分＋4分であれば、意外に捻出できます。

「こまめにやる」「気軽に始める」「ながらでもOK」……構えずに肩の力を抜いて始めましょう。それこそが継続の秘訣でもあるのです。

Chapter 1

スポーツマッサージ編 その1

リセット
Reset

Chapter 1
スポーツマッサージ編
その1

関節の詰まりを除去し肉体を元の状態に戻す！

カラダの準備を整えることなく、いきなりスポーツを始めるのは、とても危険なことです。

　いきなり走る、いきなり泳ぐ。いきなり跳ぶ……などなど。

　そんなことをしたら関節や筋肉が悲鳴を上げてしまい、けがに見舞われても何の不思議もありません。さすがに近年では、そんなむちゃをする人は少なくなりました。大抵の人は準備運動を行ってから動き始めています。

　それでも、まだ準備が十分であるとはいえないでしょう。スポーツでけがをする人は後を絶ちません。もちろん、避けられないけがもありますが、そのほとんどは準備不足にあるように思います。また、カラダの準備はスポーツを始める前だけに行えばよいというものでもありません。日ごろから十分なケアをしておく必要があるのです。

今、あなたのカラダは、正常な状態にありますか？

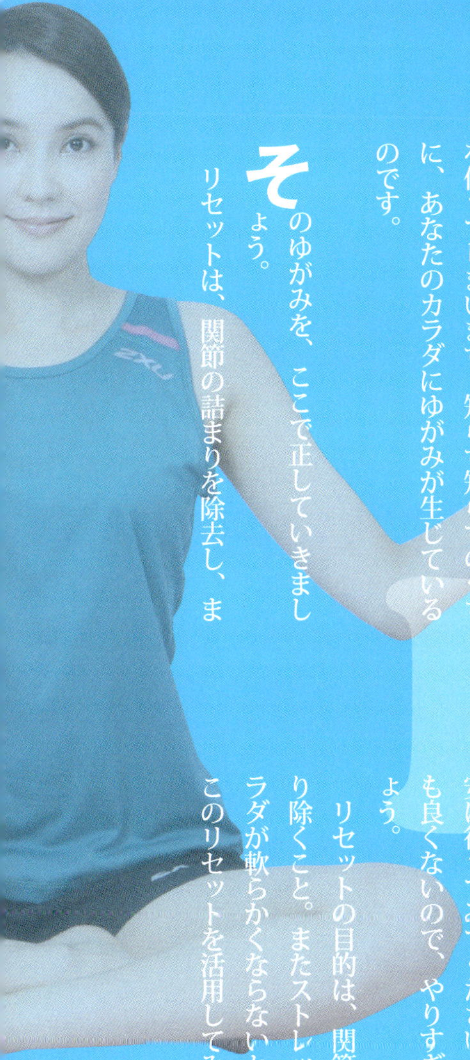

人は年齢を重ねる中で、カラダのさまざまな箇所にゆがみを生じさせていきます。例えばオフィスでの日々のデスクワーク。パソコンに見入り続けていれば、どうしても肩が前に出て背中が丸まる猫背の姿勢になりやすいものです。

スポーツを行う場合でも同じことがいえます。動きの中で、どうしても癖は出ます。あるいは軽いけがをしている状態で動いた場合、どうしても、その箇所をかばう姿勢を作ってしまいます。知らず知らずのうちに、あなたのカラダにゆがみが生じているのです。

そのゆがみを、ここで正していきましょう。

リセットは、関節の詰まりを除去し、また、関節周辺の筋肉を、しっかりとゆるめていきます。これを繰り返し行うことにより、カラダがゆがみのない元の状態へと戻せるのです。

ここでは、力感を伴わない動きで行う「サイレント(静的)リセット」と、正しい関節運動を全身の動きにマッチさせる「アクティブ(動的)リセット」に分けて紹介しています。いずれも回数、時間などは設定していませんが、長くても1種目1分以内を目安に行ってみてください。ゆるめすぎるのも良くないので、やりすぎには注意しましょう。

リセットの目的は、関節周りの硬さを取り除くこと。またストレッチを続けてもカラダが軟らかくならないと悩む人は、ぜひ、このリセットを活用してみてください。

Res

Silent Reset

CHAPTER 1

サイレントリセット

力感を伴わない動きで関節の詰まりを除去する

「ほぐす」「もむ」「押す」といったセルフマッサージを行う前に、カラダの関節周りを、程よくゆるめてリセットしておきましょう。カラダの状態を整えることでマッサージ、ストレッチの効果を、さらに高めることができます。

まずは、力感を伴わない動きで関節の詰まりを除去する「サイレント（静的）リセット」から始めます。

足関節、ひざ関節、股関節、骨盤、指骨周り、肩関節、ひじ関節、首周りなど、さまざまな部分をリセットし、カラダを正常な状態に導きましょう。

足関節リセット

RESET 1
かかと揺らし

硬くなりやすいかかと部分の関節は、しっかりとゆるめておきたい。伸ばした左脚の上に右足を乗せ、かかとを左手で挟んで上下に動かす。

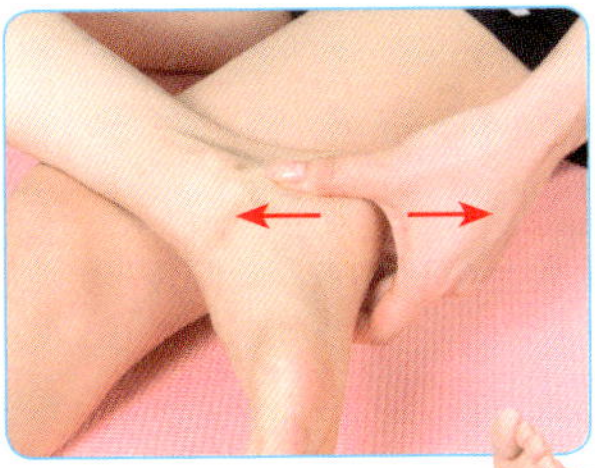

親指と他の指でかかと部分を挟んで持ち、上下に揺らすようにして、ゆるめていく。左右行う。

RESET 2
足指動かし

甲の部分に当たる中足骨を1本ずつほぐしていこう。

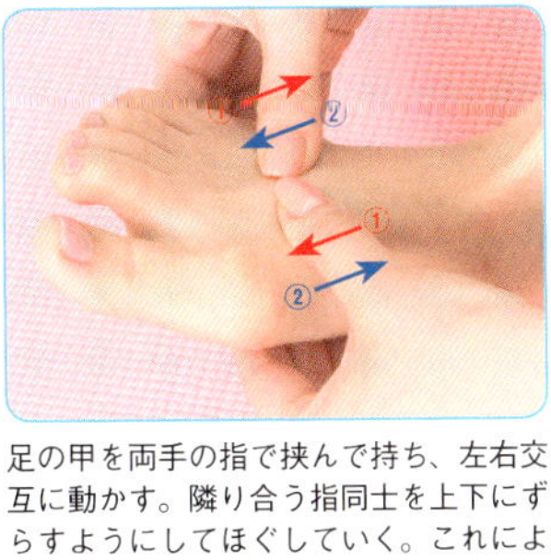

足の甲を両手の指で挟んで持ち、左右交互に動かす。隣り合う指同士を上下にずらすようにしてほぐしていく。これにより足裏のアーチを正常な状態に戻すこともできる。左右行う。

RESET 3

足の甲ひねり

床に座って片手で足首を固定し、もう一方の手で甲の部分をゆっくりとひねる。

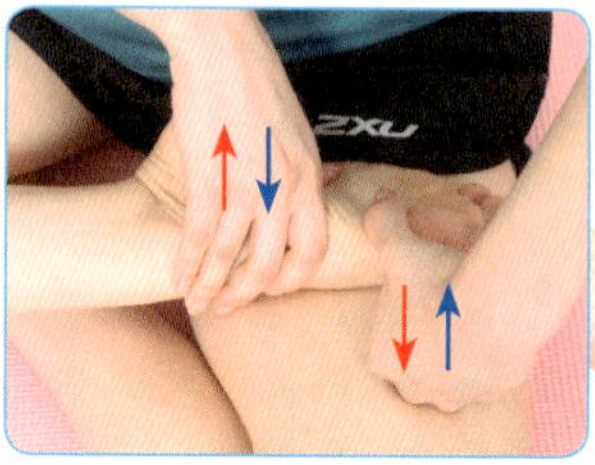

足先を、両手の指で挟むようにして持ってひねり、甲部分の骨をほぐす。左右行う。

RESET 4

足首回し

床に座って片ひざを立て、もう一方の脚を、立てたひざの上に乗せる。この状態で足首を回してみよう。

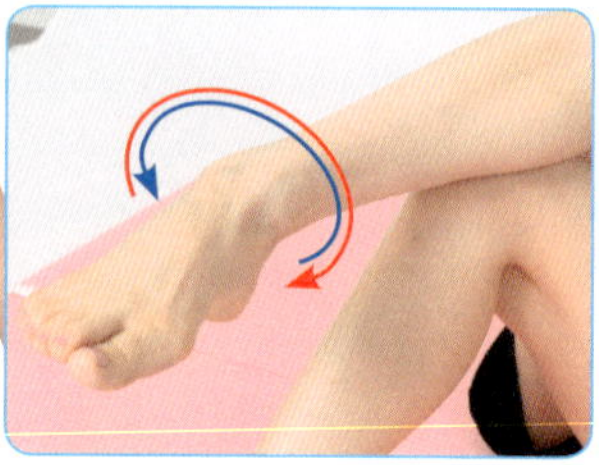

ふくらはぎの部分は固定し、足首をゆっくりと回す。左右行う。

RESET 5

足首グルグル

右ページの［RESET4］と同様に足首の関節をゆるめていく。片腕で脚を固定して、さらに深く足首を動かしてみよう。

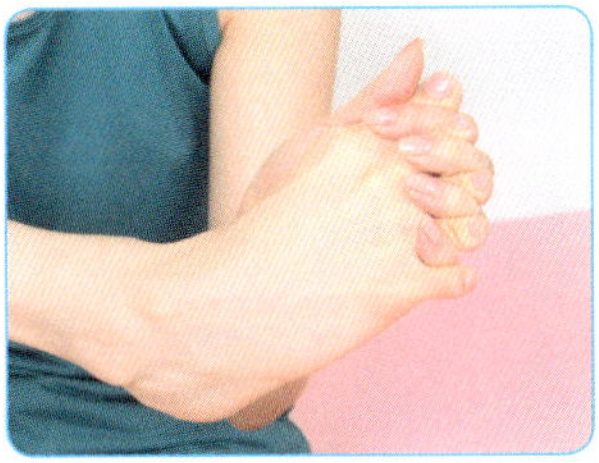

手の指と足の指をしっかりと絡めて足首をグルグルと回す。左右行う。

RESET 6

グー&パー

足の指を上手に開けない人が少なくない。カラダの末端の筋肉や関節も緊張をとり、しっかりと動かせるようにケアしよう。

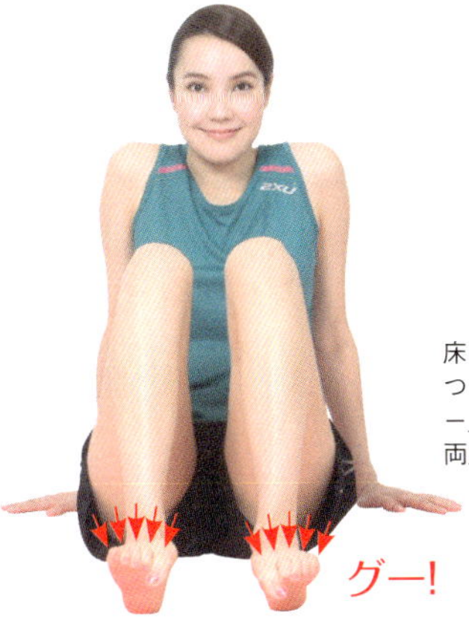

床に座り、両手を後方についた姿勢で、足で「グー」と「パー」を交互に両足同時にやってみよう。

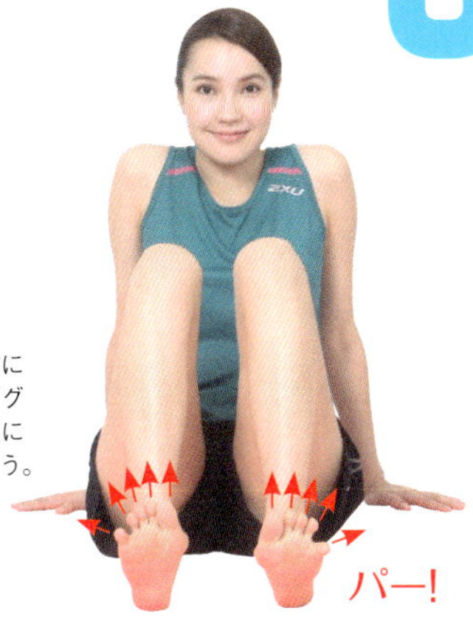

RESET

7 ひざ上下揺らし

下半身を柔軟に使うために、またけが予防のためにも、ひざの関節もケアしておきたい。床に座った状態で両手でひざ上の部分を持ち上下に揺らす。

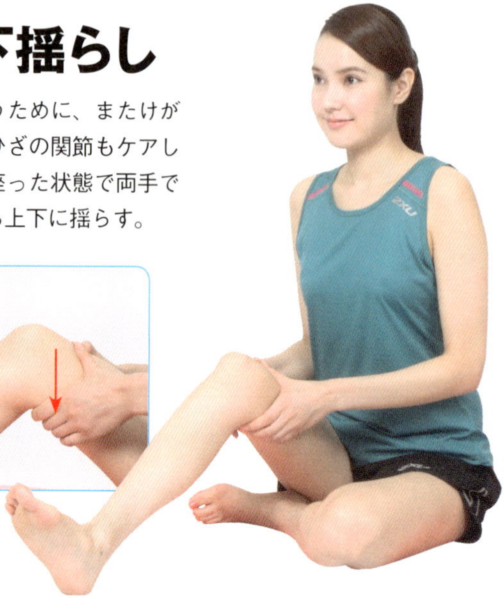

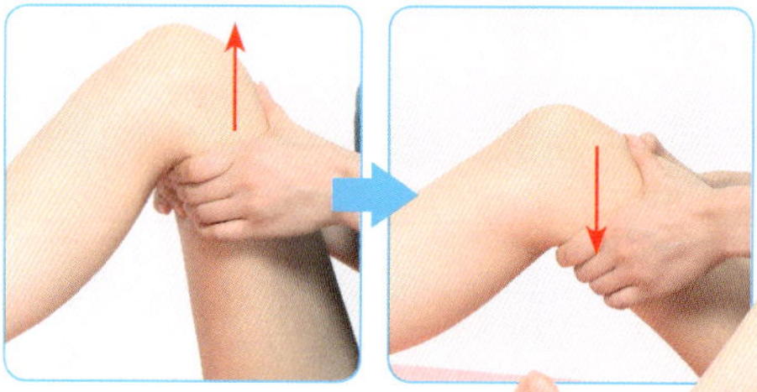

両手でひざ上部分を、左右から挟むようにして持ち上げて下ろす。ひざを揺らす時は、かかとを床から浮かさない。左右行う。

RESET

8 片ひざ回し

床に座り、片手を後方につき、もう一方の手で抱えるようにして片脚を持ち上げる。その状態から、ひざを起点にして足先で自由に円を描いてみよう。

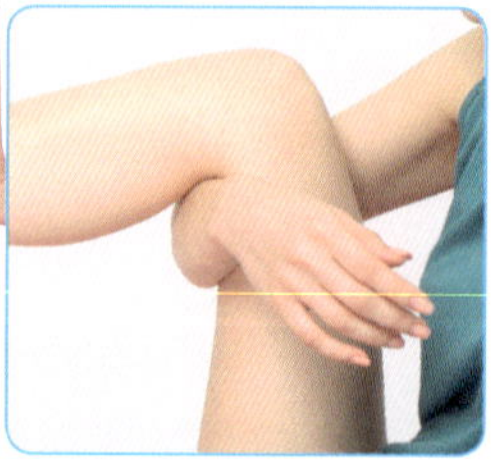

前腕とひざ裏を合わせて固定。この状態でゆっくりとひざを回す。左右行う。

RESET 9

かかとキック

両手を合わせて、その上にあごを置いて、うつぶせになる。この姿勢からかかとをお尻に近付けるようにして、ひざより下をリズミカルに動かす。脚のむくみを解消できる。

上半身、太もも部分は固定し、ひざ関節をしっかりと動かす。左右交互に行う。

RESET 10

両ひざ回し

上で紹介した［RESET9］と同じ姿勢からひざを直角に曲げる。この状態で足先とひざで同時に円を描こう。

ひざ関節は、さまざまな角度に動かす必要がある。左右両方向に円を描こう。

RESET 11

ひざアップダウン

床に座り両手を後方につき両脚を前方に伸ばす。この姿勢からかかとは床につけたまま、ひざを持ち上げて下ろす。リズミカルにやってみよう。

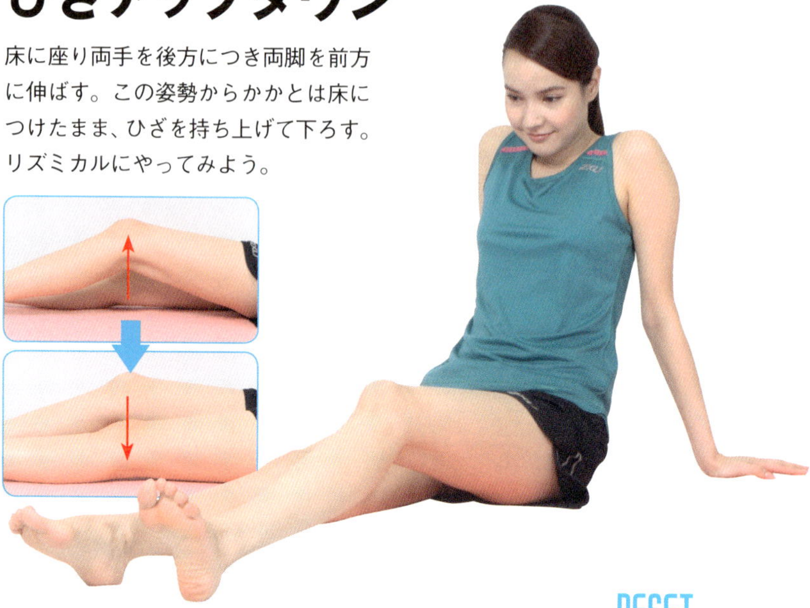

動かすのは、ひざのみ。左右交互にひざを上げて下ろそう。

RESET 12

ひざ腕挟み

床に座り、片ひざを曲げ、逆側の脚を腕に引っかけて持ち上げる。その状態から、ひざより先を上下させてみよう。

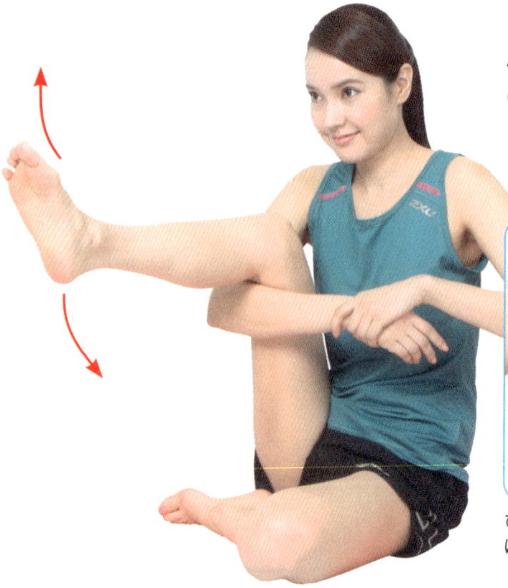

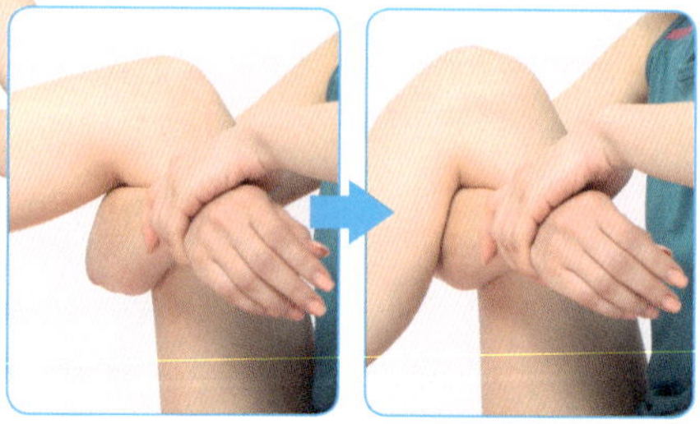

ひざ裏を腕に引っかけて固定。ひざを動かして下肢を上下に動かす。左右行う。

RESET 13

内股&外股

股関節の柔軟性を取り戻すために脚を付け根から大きく動かし、ゆるめていこう。まずは股関節を内側、外側に動かしてみよう。

両脚を開いて伸ばし、両手を後方につく。この姿勢から足の指先を外側に向け、脚を付け根から回転させる。

今度は足の指先を内側に向ける。股関節に意識を置きながら、この動きを繰り返しやってみよう。

RESET 14

ひざ立てパタパタ

上で紹介した［RESET13］の姿勢から、両ひざを立てる。その状態から両脚を左右、同じ方向に倒していこう。股関節の詰まりを解消、足のむくみを取り除ける。

床に座り後方に手をつき、両ひざを立てた姿勢から、左右の脚を右側へと倒す。

今度は左右の脚を左側へと倒してみよう。股関節の動きを感じながら、ゆっくりと、この動作を繰り返す。

RESET 15 うつぶせパタパタ

床にうつぶせになり、両ひざを直角に曲げる。この姿勢から、両脚を左右交互に倒していく。

ひざを曲げた両脚を左側へ倒す。意識する箇所は股関節。

両脚を右側へと同時に倒す。動かすのは下半身で上半身は固定。

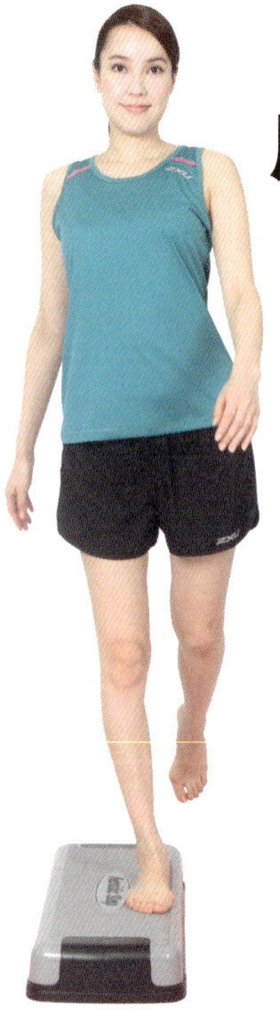

片脚前後ブラブラ RESET 16

段差のある所に片脚で真っすぐに立つ。この状態から脱力させた片脚を前後に大きく揺らしてみよう。

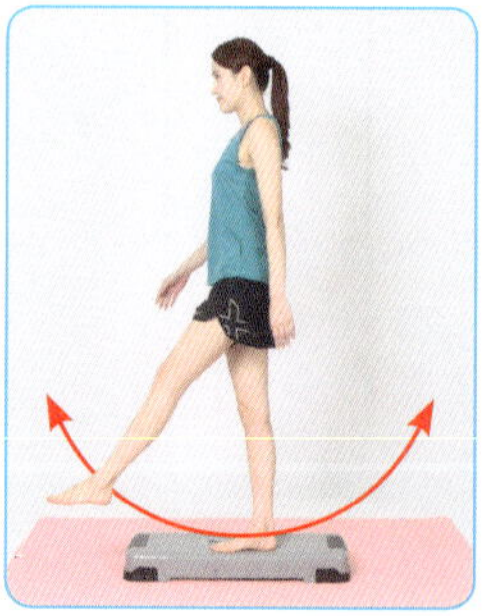

高さのある台を用いることでスペースが生まれ、片脚を動かしやすくなる。背中のラインを真っすぐに保つことが大切。左右行う。

RESET 17

片脚円描き

右ページで紹介した［RESET16］と同様に段差を利用して脱力させた片脚で、今度は円を描いてみよう。

視線は正面に向けて体幹を真っすぐにして行う。意識を置くべきは股関節＆骨盤。左右行う。

RESET 18

片脚半円描き

真っすぐに立った姿勢で片脚立ちになり、もう一方の脚で半円を描く。凝り固まっている股関節を、この動きで上手に解放してあげよう。

脚を後方から前方へ回す。両腕を上手に動かしてバランスを保ちながらやってみよう。左右行う。

半円を描くイメージで脚を後方にスイングする。バランスが取りづらい場合は、片手を壁について行ってもよい。

RESET
19

お尻上げ下げ

床にあぐらをかいて座り、上体の姿勢を崩すことなく左右交互にお尻を持ち上げる。胸から上の位置を変えることなくやってみよう。

お尻の右側を持ち上げる。体幹を真っすぐにして行うことが大切。

お尻の左側を持ち上げる。上体を傾けるのではなく、背中に意識を置いてお尻を上げる。

RESET
20

上体回し

床にあぐらをかいて座り、ひじを曲げた両手を顔の高さまで上げる。その姿勢から上体を左右に回旋させてみよう。

上体を右へ回す。背骨周りを、しっかりとリセットできる。

上体を左へ回す。この時、体幹を真っすぐに保つことが大切。

RESET 21

肩甲骨スライド

腕は肩から先ではなく、肩甲骨から先の部分であると意識しよう。腕を交互に上げることで肩甲骨を動かす。肩甲骨を背中からはがすことで猫背を正していける。

あおむけになり、手首の位置が鼻の真上にくるように腕を真っすぐに伸ばす。この状態から、左右の腕を交互に伸ばす。

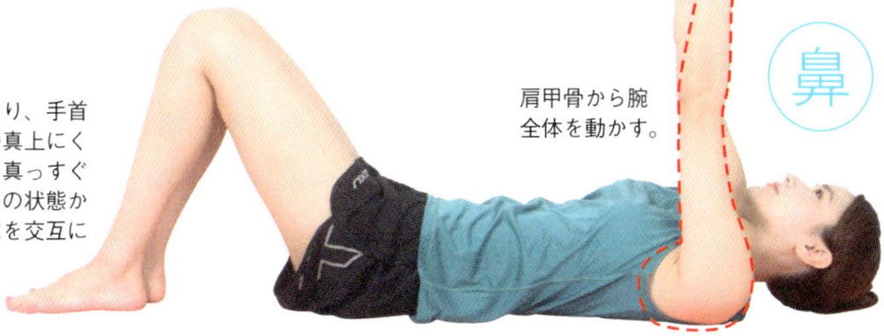

腕の角度を変え、手首の位置が胸の上にくるように合わせる。左右の腕を交互に伸ばしてみよう。また別の角度に肩甲骨を動かせる。

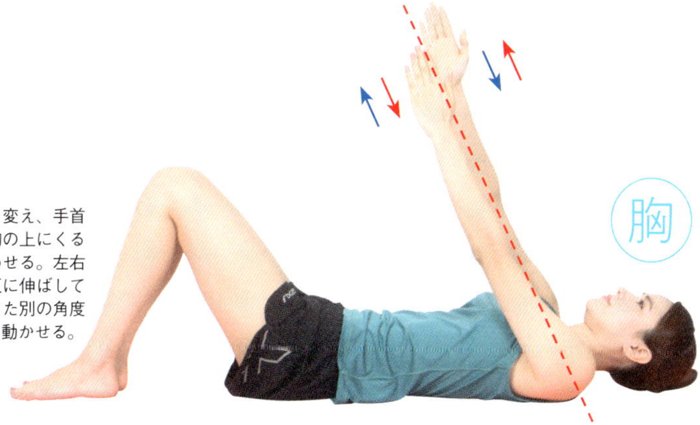

さらに手首の位置が、おへその上にくるようにして行う。肩甲骨の動きを感じながら、左右の腕を交互に伸ばしてみよう。

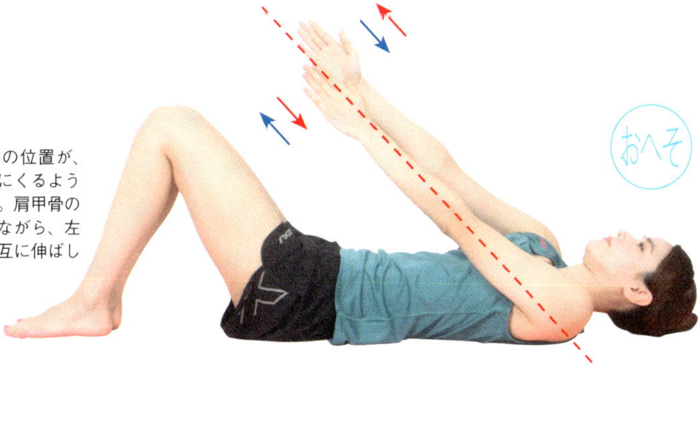

RESET 22 片腕前後ブラブラ

視線を正面に向けて真っすぐに立ち腕を前後にブラブラと振る。もう一方の手を肩に置くことで支点を作り、腕の重さを利用して肩の関節をゆるめる。

腕は真っすぐな状態をキープする。

できるだけ大きく腕を前後に動かして、肩関節をリセットしよう。左右行う。

RESET 23 左右ひねり

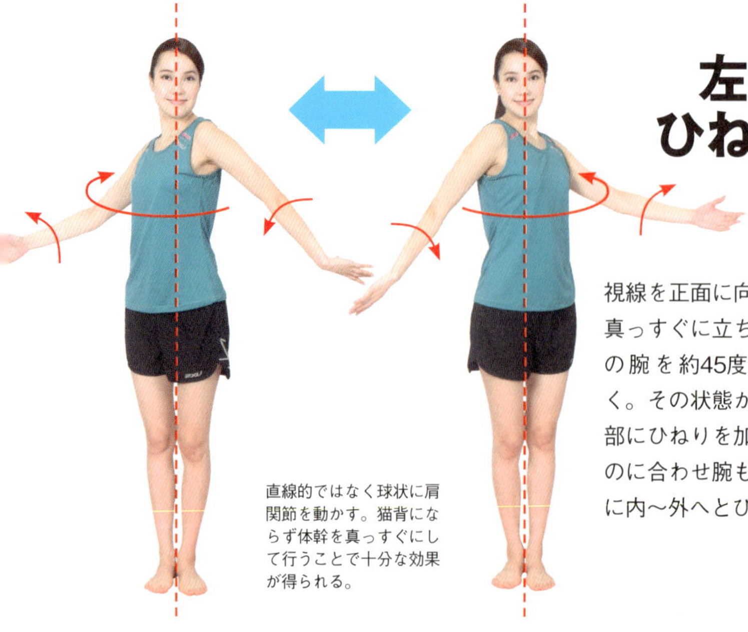

直線的ではなく球状に肩関節を動かす。猫背にならず体幹を真っすぐにして行うことで十分な効果が得られる。

視線を正面に向けて真っすぐに立ち左右の腕を約45度に開く。その状態から胸部にひねりを加えるのに合わせ腕も自然に内〜外へとひねる。

RESET 24 前後ひねり

真っすぐに立った姿勢から、ひじを曲げた左右の腕を同時に動かす。両手のひらを同時に上に向け、その後、手のひらを下に向ける。

肩関節が球状に動くことを意識しながらやってみよう。視線は常に正面に向ける。

RESET 25 ボタンタップ

真っすぐに立ち、指先が肩に触れるようにひじを曲げた姿勢から、前方にあるボタンを早押しするイメージで動かす。ひじ関節を効率よくリセットすることができる。

視線を正面に向けて真っすぐに立ち、指先を後方に向けてひじを畳む。

素早く指先を前方へ差し出す。ひじ関節の動きが実感できるはず。

RESET 26

顔左右向け

首周りも、しっかりとほぐしておこう。床にあおむけに寝てリラックスして行う。

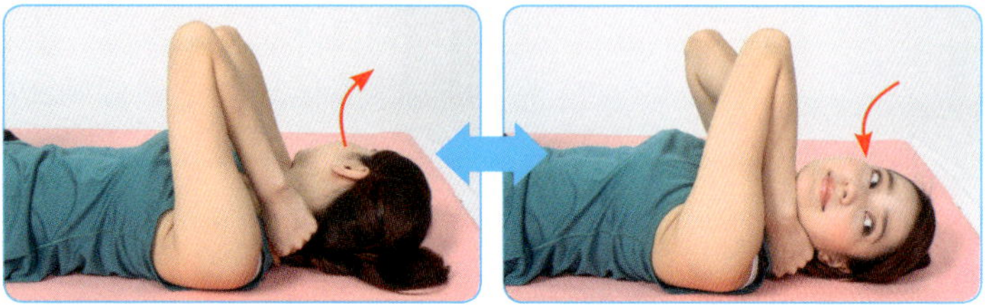

両手の指で首裏を押さえながら頭部を左右に傾ける。あおむけに寝て行うのは、関節に縦方向にかかる重力を除いて首が真っすぐな状態が作れるため。

RESET 27

顔上下向け

首の関節をケアしておかないと、肩凝りをはじめとしたトラブルにも悩まされやすくなる。しっかりとケアしておこう。

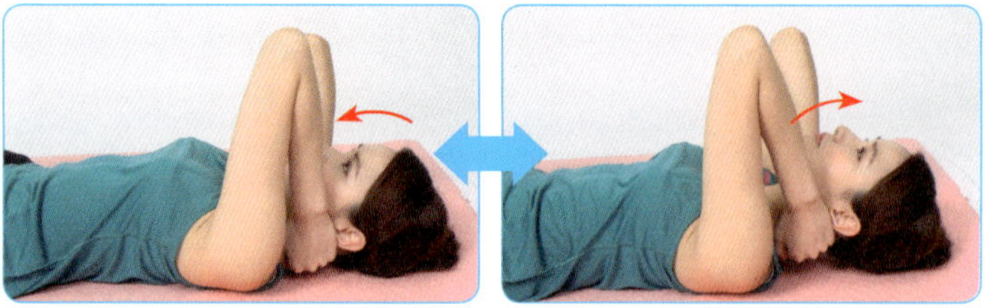

両手の指で首の後ろ側を押さえながら頭部を上下させる。動かすのは首よりも上の部分。ゆっくりと行おう。

首の後ろ側を指で押す

指で押す部分は、頭を前方に傾けた時に出っ張る首の付け根の骨。この部分に圧をかけることで、首がスムーズに動かせる。デスクワークなどが多い人には特にオススメなマッサージ。

全身リセット

RESET 28 デンデン太鼓

真っすぐに立ち、肩の力を抜ききって、体幹を左右に大きく回す。デンデン太鼓になった気分でやってみよう。

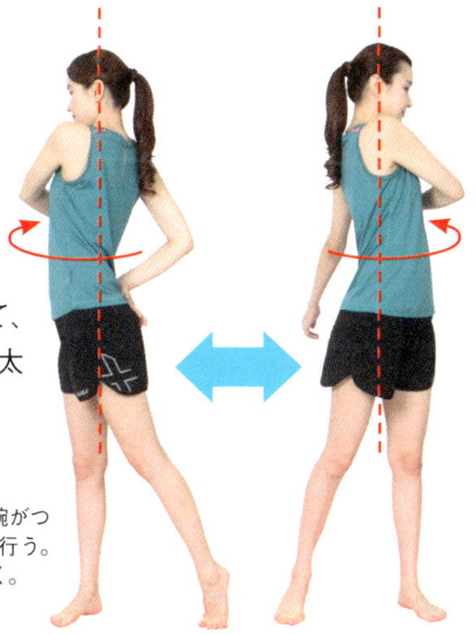

体幹の動きに、腕がついていく感じで行う。意識は腹筋に置く。

RESET 29 その場ジャンプ

脚を肩幅に開いて立ち、その場でジャンプしてみよう。肩の力を抜いて弾むことで全身をリラックスさせる。

笑みを浮かべながら弾むと自然に肩の力を抜くことができる。

RESET 30 両腕両脚ブラブラ

あおむけに寝て上げた両腕、両脚をブラブラと振る。肩、ひじ、ひざに力を込めることなくリラックスして行う。

ひざや腰などを痛めている場合、力むと痛みを強く感じやすい。カラダ全体をゆるめると痛みを和らげることができる。

Active Reset

CHAPTER 1

アクティブリセット

正しい関節運動を全身の動きにマッチさせる

「サイレント（静的）リセット」だけでも十分な効果がありますが、ここからは、アクティブ（動的）に関節周りを整える方法を紹介します。静的なリセットが個別の関節を整えるのに対して、「アクティブリセット」は、正しい関節運動を、全身の動きにマッチさせていくことを目的として行うものです。

つまり、足関節、ひざ関節、股関節、肩関節、首周り、ひじ関節、手関節と項目分けをしていますが、これらすべてが関係して全身の動きにつながるのです。運動前の準備体操に取り入れて、ぜひ行ってください。

RESET 31 足裏アップ（つま先）

真っすぐに立ち両手を腰に置く。片脚をわずかに前に出して、つま先から足裏を上げて下ろす。足首関節をリセットしよう。

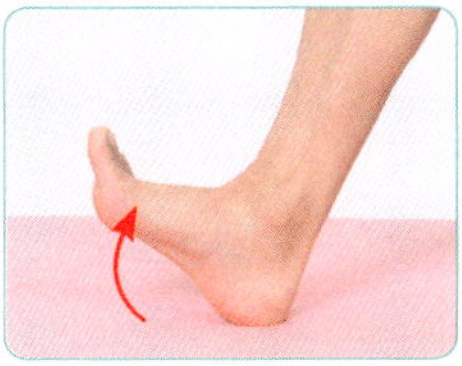

かかとを支点にして、つま先から足裏を上げる。

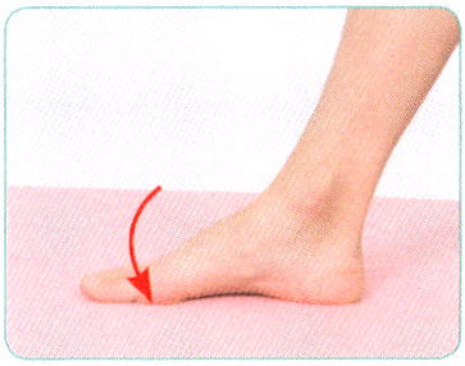

足裏を床から離し、その後に接地させることを繰り返す。左右行う。

RESET 32 足裏アップ（かかと）

今度は、つま先を支点にしてかかとから足裏を上げて下ろす。この動きを繰り返そう。

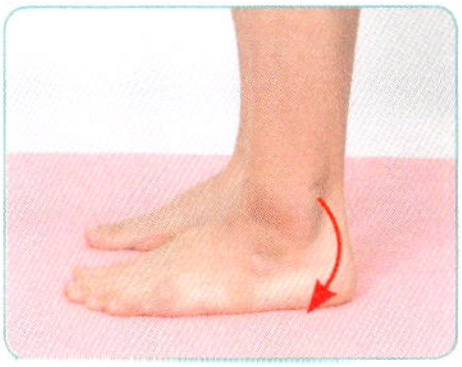

かかとを下ろし、足裏を床に密着させている。

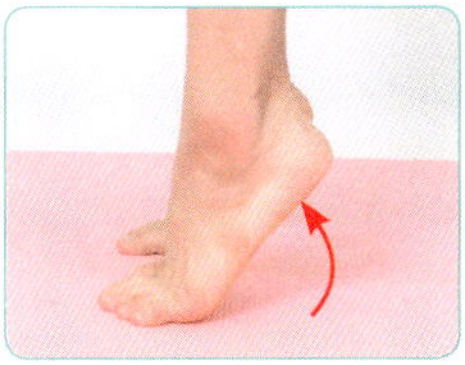

足裏を上げ、つま先立ちの状態になった後、かかとを下ろす。

RESET 33 左右ペダリング

かかとを起点にして足裏を上げてみよう。自転車などのペダルを踏むイメージで左右交互に繰り返して行う。

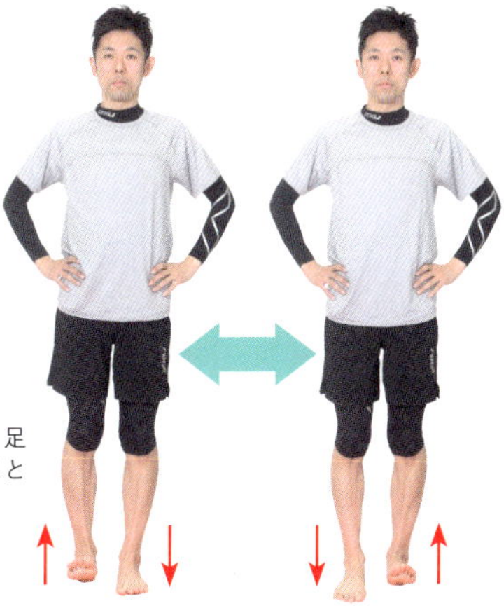

リズミカルにやってみよう。足首の関節を程よくゆるめることができる。

RESET

34 ひざ出し屈伸

ひざ関節は、さまざまな方向に動かしてケアしておきたい。立った状態でひざを斜め前に突き出してみよう。

両ひざを左前に出す。カラダの軸はできるだけ真っすぐにしたままでひざを動かす。

真っすぐに立ち腰に両手を置く。この姿勢から両ひざを右斜め前に出す。

RESET

35 屈 伸

ひざの屈伸運動は、動き始める前、スポーツを始める前には必ずやっておきたい。ひざの関節に正しい動作をなじませておくことは、けが予防にもつながる。アキレス腱周り、ひざ周りが柔軟でないと深くしゃがみ込むことはできない。

まずは立った状態で、しっかりとひざを伸ばし、その後、しゃがみ込むようにしてひざを曲げる。この動作を、ゆっくりと繰り返す。

RESET
36

ひざ回し

曲げたひざの上に手を置く。この姿勢から円を描くようにしてひざを大きく回そう。

ひざを前に出して回すのではなくカラダの中心でひざを回すようにしよう。

RESET
37

ひざ曲げ伸ばし

あおむけに寝た姿勢から脚を直角に曲げる。その状態から、かかとを引き付けるように交互にひざを曲げる。

手は頭の後ろで組み、視線はひざ方向に向ける。ゆっくりとひざを動かそう。

RESET 38

ひざ曲げキック

片脚で立ち、もう一方の脚のひざを直角に曲げたまま前後に動かしてみよう。両手を左右にわずかに広げバランスを保ちながら行う。股関節とひざ関節の正しい動きを体得する。

背中は丸めないように注意。意識する箇所は股関節。左右行う。

RESET 39

内転外転

片脚で立ち、もう一方のひざを伸ばした脚を左右へ大きく振る。体幹を真っすぐにして行おう。

両腕を左右に広げてバランスを保ちながら片脚で立ち、もう一方の脚のひざを約90度の位置まで上げる。リズミカルにやってみよう。

RESET 40

オープン&クローズ

片脚で立ち、もう一方の脚のひざを直角に曲げて、股関節から左右に開き、閉じる。股関節を滑らかにしておこう。

両腕を左右に広げてバランスを保ちながら開いた脚のひざを正面まで動かして閉じる。

ひざを右方向に動かして股関節を開く。左右逆パターンもやってみよう。

RESET 41

∞（無限大）回し

さらに股関節を自由に動かせるようにしよう。片脚で立ち、もう一方の脚の指先で∞（無限大）を描く。

両手を左右に広げてバランスを保ちながら、視線は正面に向けて行う。股関節をストレッチすると同時に、体幹バランスを養うこともできる。左右逆パターンもやってみよう。

RESET 42 肩水平屈曲

肩関節とひじ関節を連動させていく。左右片側ずつ動かし、ピンポイントで肩関節をリセットする。

右腕を真っすぐ横へと伸ばし、その後、元の姿勢に戻る。左右行う。

ひざ立ち姿勢になり左手を腰に、右手を左肩の上に置く。

ひざ立ち姿勢になり、左手を腰に置き、右手を真上に伸ばす。視線は正面に向け体幹は真っすぐにして肩関節を動かす。左右行う。

RESET 43 片手バンザイ

上で紹介した［RESET42］とは異なった方向に肩関節を動かす。左右片側ずつ行い、肩関節の可動性を高めよう。上で紹介した［RESET42］と共に、肩を大きく動かすスポーツ（野球など）を行っている人には、ぜひやってもらいたい。

RESET 44

バンザイ！バンザイ！

ひざ立ち姿勢から、「バンザイ！」をする要領で両腕を頭上に振り上げる。丸みのある動きを意識して肩関節を動かしてみよう。

両腕を下ろす際には、真下で止めず後方までスイングさせよう。大きく肩関節を動かしたい。

RESET 45

チェストアップ

肩甲骨を寄せる要領でひじを曲げた両腕を同時に後方へ引く。引ききった際にはしっかりと胸を張ろう。

ひざ立ち姿勢で正面を向き体幹を真っすぐにして行う。

RESET 46

首前後倒し

ここから［RESET49］までの動きで首の可動性を高めていく。ロードバイクなど首周りが固まりやすい動きを常にしている人に特にオススメのエクササイズ。首を前後に動かす。

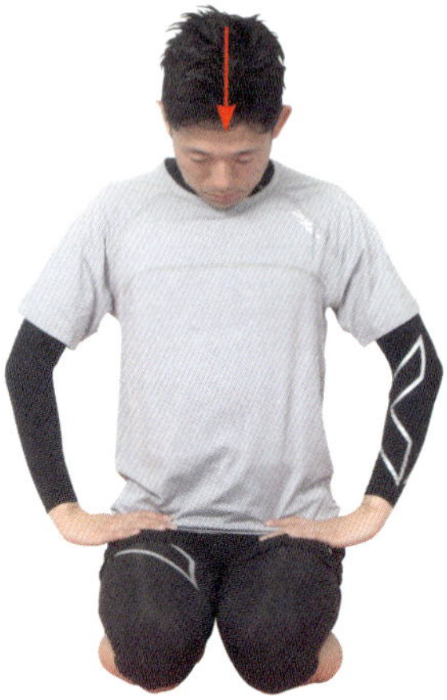

正座をし、首を前に倒す。その後、顔を真上に向けるようにして首を後方に倒そう。

RESET 47

首左右倒し

左右にも首を動かす。首の左右の可動域に差が生じると肩周りのトラブルにつながりやすいので要チェック！

正座の姿勢から首を左へ、右へ傾ける。視線は正面に向けたままで行う。

RESET 48

首左右回し

首を右へ、左へと回す。右ページで紹介した［RESET46］［RESET47］とは、また異なった角度に動かして、首周りをゆるめる。

正座の姿勢から首を左へ、右へと回す。視線の高さは変えずに行う。

RESET 49

首斜め倒し

［RESET46 ～ 48］の複合的動き。斜め上、斜め下にも首を動かしてみる。体幹を真っすぐに保って固定。首だけを動かす。

正座の姿勢から首を斜め上、斜め下へと動かす。左右行う。

RESET
50 ひじ屈伸

日常生活において使用頻度の高いひじ関節の周囲をしっかりとケアしておきたい。まずは曲げ伸ばし。

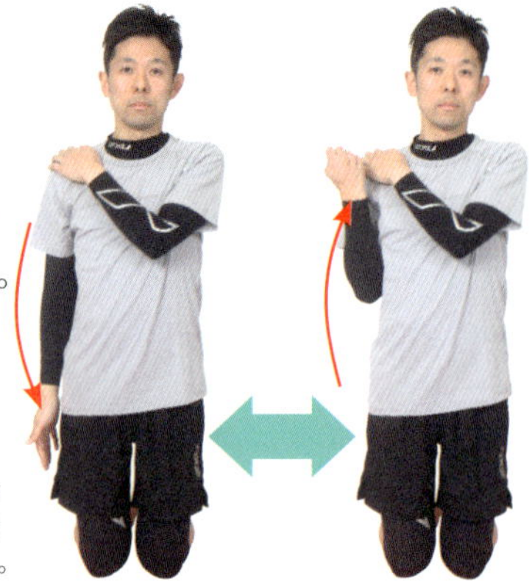

ひざ立ち姿勢で左手を右肩に置き、右腕のひじを曲げながら上下に動かしてみよう。視線は正面に向け、体幹を真っすぐにして行う。左右逆パターンもやってみよう。

RESET
51 ひじ内旋外旋

上で紹介した［RESET50］と同じくひざ立ちの姿勢から行う。ひじを中心に腕全体を内側、外側にひねる動作を繰り返し行おう。

両腕を真っすぐに伸ばし、内側、外側に回す。手のひらを開くと行いやすい。

RESET
52 ひじ水平屈曲

ひざ立ちになり、両腕を左右に真っすぐに広げる。この状態から、片腕のひじを内側に折り畳もう。

視線は正面に向け体幹を真っすぐにしてひじを曲げて伸ばす。左右行う。

手関節周りリセット

RESET 53 グー&パー

正座をし、両腕を前に出す。この姿勢から両手をそれぞれ握り、その後に大きく開く。グーとパーを繰り返して行う。

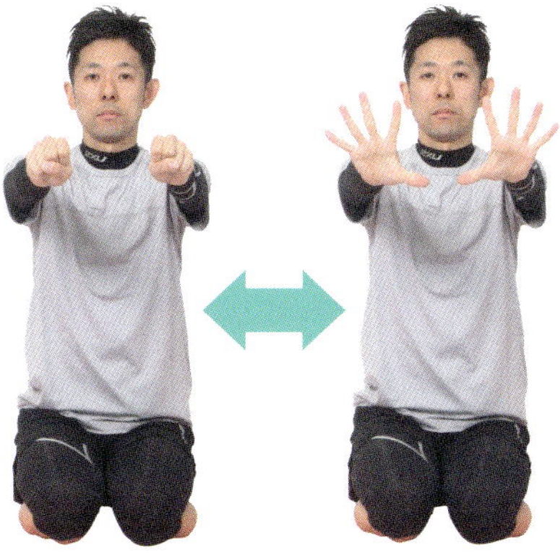

運動中に苦しくなった時にやってみよう。自律神経をコントロールできる。ランニングであれば、給水の際などに行うのがオススメ。

RESET 54 手首折り畳み

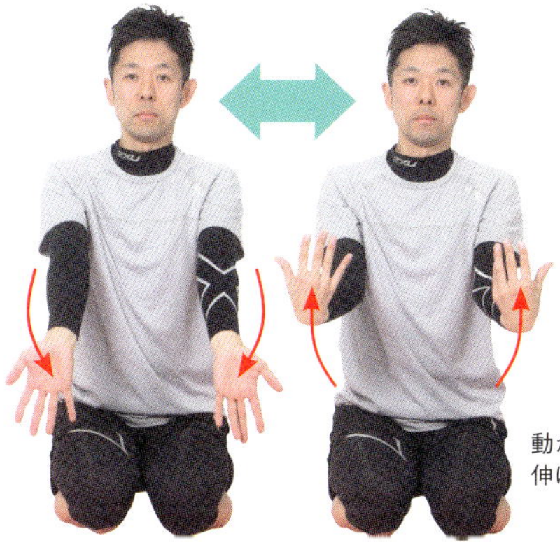

正座をし、手のひらを上にして真っすぐに両腕を伸ばす。この状態から手首を手前に折り畳む。この動きを繰り返し行う。

動かすのは手首の関節。ひじは伸ばしたまま行う。

RESET 55 グルグル回し

正座をし、両腕を前方に真っすぐに伸ばした姿勢で、手首を左右にグルグルと回す。手首の関節をほぐすことができる。

左へ、右へ、手首を交互に回す。手のひらを広げた状態で行う。動きがぎこちなくなる方向がないかどうかもチェック！　手首周りのストレッチと組み合わせてやってみよう。

column 2

カラダが発する危険サインを見逃してはいけない！

大切なのは、日ごろから自分のカラダと対話すること

「最近、疲れが抜けないなあ」

そう感じたならば、今、あなたのカラダに「黄信号」が灯っています。

「気持ちの問題だ。もっと頑張らねば……」なんて考えないでください。そのまま放っておくと、けがや病気に見舞われる可能性が高いという危険信号をしっかりと察知しましょう。

疲れを感じるのは、体内から疲労物質をうまく除去できていないからです。ならば、マッサージを施して、筋肉の硬化を解消、血液やリンパの循環を良くして、疲労物質をすみやかに取り除いていきましょう。

腰痛、肩凝りなどに悩まされる場合にも、症状が悪化する前に、カラダがあなたにサインを送っているはずです。なのに、それを見逃してしまっていたかもしれません。

では、見逃さないようにするには、どうすればよいのでしょうか？

大切なのは常日ごろからカラダと対話することです。こまめにセルフマッサージを続けていると自分の筋肉の状態が感覚で分かるようになってきます。すると、「今日は、ふくらはぎがちょっと張っているな」あるいは、「首周りが硬くなってきている」といった具合に、わずかな違和感に気付けるのです。

ひざ周りに違和感があるなら、その周囲の筋肉である太もも裏側やふくらはぎを、いつも以上に入念にマッサージしましょう。そうするだけで、けがを未然に防ぐことができるのです。

Chapter
2

スポーツマッサージ編
その2

マッサージ
Massage

Chapter 2
スポーツマッサージ編
その2

人間のカラダの硬化を防ぐのがマッサージ

スポーツマッサージというと、特別なプロスポーツ選手だけがトレーナーから、施されるものとイメージする方もいらっしゃるかもしれません。確かに20年以上前は、そうだったでしょうし、10年前でも、まだ一般には、ほとんど普及していませんでした。

でも現在では街を歩けば、マッサージやストレッチなど多くのショップを目にします。これは、人間が健康を考えるうえで、そのようなケアの手法が必要であることを多くの人が認識し始めたからでしょう。

それでも、まだ、マッサージを身近に感じていない人も多くいます。

「だって、マッサージをやってもらうには、それなりのお金が掛かるでしょ」

「マッサージなんて必要ないよ。そんなことをしなくたって健康だし」

あなたは、そう思ってはいませんか？

まず、マッサージは、誰かパートナーに施してもらわなければできないという

ものではありません。部屋の中で1人でも十分に行えるものなのです。

また、マッサージなどのケアを施さずに筋肉が硬くなったまま放置するのは、とても危険であることも知っておいていただきたいと思います。

腰痛や肩凝りにも悩まされていない、だから何もしなくても大丈夫……それは大間違いなのです。

人間の肉体は何もしなければ日々、硬化していき、ある時、思わぬ形で、それが表面化します。カラダがむしばまれてからでは遅いのです。そうならないように常日ごろから予防を心掛けておく必要があるでしょう。

Mass

今回、ここで紹介するのは、すべて1人でできるセルフマッサージ。パートナーがいなくても自らの手、指、あるいはひじを使って無理なくできてしまいます。加えてテニスボールを用いての効果的なマッサージ法も紹介します。

いずれもシンプルな動きです。一見すると「こんなので効果があるの？」と思われる方もいらっしゃるかもしれませんが、効果は絶大。やるとやらないでは大違いです。その効果をぜひとも体感してみてください。

また、マッサージ効果を効率よく得るためには、前章で紹介したリセットを行い関節部分をゆるめてから行うことをオススメします。

Self Massage

CHAPTER 2

パーツ別にほぐす

セルフマッサージで痛みや不安を解消

マッサージは、パートナーがいなければできないものではありません。部屋の中で自分１人でも十分に効果のあるマッサージを施すことが可能です。「ほぐす」「もむ」「押す」「挟む」など部位ごとに適した方法で、けがの予防や痛み改善、疲れの除去に役立てましょう。

どれもやり方は難しくはありません。オフィスでの休憩時間、あるいは、お風呂で行うのもOK。大切なのは、リラックスして行うこと、丁寧に行うこと、そして効果を十分に実感しながら行うことです。セルフマッサージで、あなたの本来のパフォーマンスを取り戻しましょう。

足周り マッサージ

MASSAGE 1

かかと周りをほぐす

スポーツ、特に長距離走ではトラブルを抱えやすいポイント。じっくりと丁寧にほぐしていこう。床に座り、指で押したり、つまんだりしながら入念に行う。

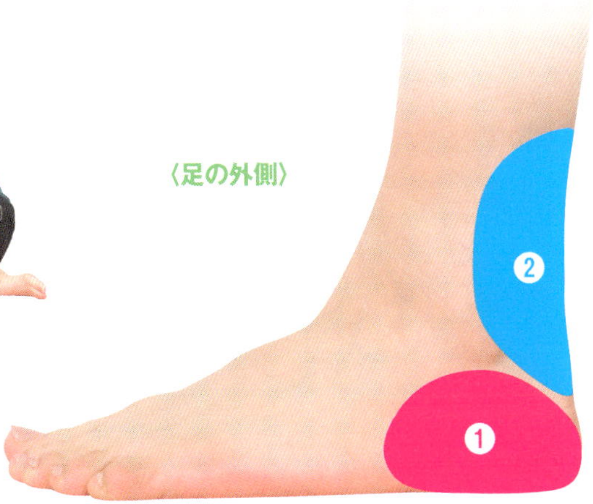

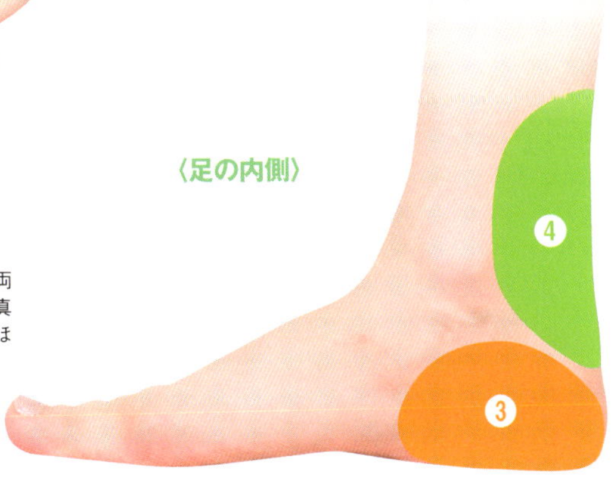

❶かかとの外側をほぐす

右写真の①の部分をほぐす。指で押して刺激を与える。

❷くるぶしからアキレス腱の外側をほぐす

右写真の②の部分を両手の指でつまむ、もしくは写真のように押してほぐす。

❸かかとの内側をほぐす

右写真の③の部分をほぐす。両手の指で押し刺激を与える。

❹くるぶしからアキレス腱の内側をほぐす

右写真④の部分をほぐす。両手の指で押す、もしくは写真のようにつまむようにしてほぐす。いずれも左右行う。

MASSAGE
2 足裏、指関節周りを押す

足裏、そして足指をほぐす。さまざまな部分を刺激するが、やり方は、大まかに「親指で押す」「ひじで押す」「つまむ」「挟む」の4種類。足裏には反射区と呼ばれるカラダの各部と連携した末梢神経が集中している場所がある。そこを刺激することでさまざまな効果が得られる。

足の甲を親指と、それ以外の4本の指で挟むようにして、親指で目的の箇所を押してほぐす。

足裏にひじを当てて、目的の箇所を適度に押す。

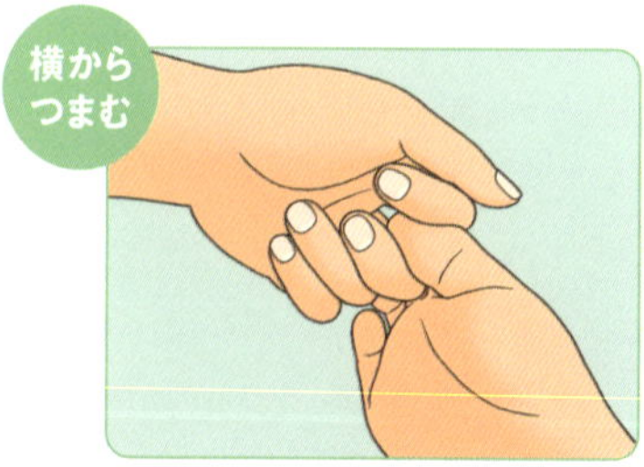

曲げた人さし指と中指の側面で、足指を横から挟むようにしてつまむ。

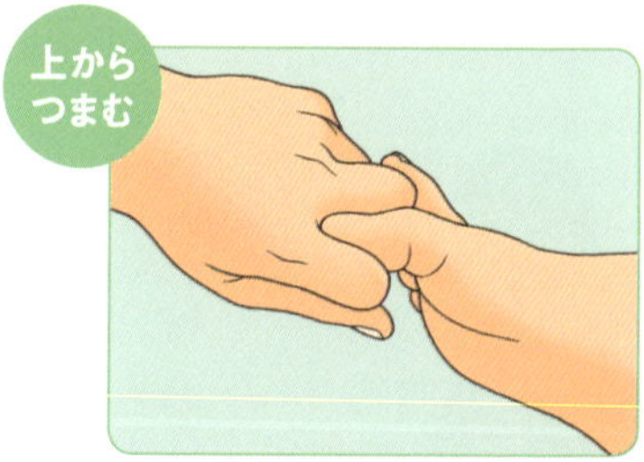

曲げた人さし指と中指の側面で、足指の爪と腹部分を挟むようにしてつまむ。

左足の場合

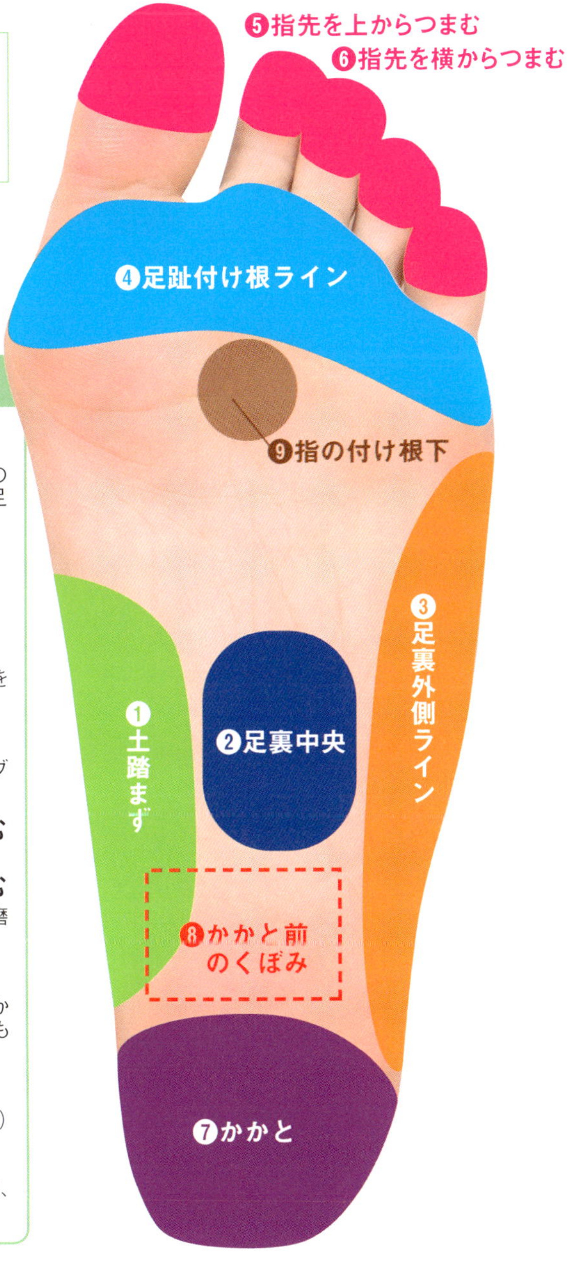

足裏ポイント

①土踏まず
（腰痛予防、足底アーチの崩れを正す。ランナーの足底筋膜炎予防）

②足裏中央
（腎臓の反射区。カラダの痛みを和らげる）

③足裏外側ライン
（脾臓の反射区。免疫力を高める）

④足趾付け根ライン
（まめ、たこなどの足底トラブルを防ぐ）

⑤指先を上からつまむ

⑥指先を横からつまむ
（⑤⑥頭、目などの感覚を磨く）

⑦かかと
（高ぶった気持ちを落ち着かせる。不眠症に悩む人にもオススメ）

⑧かかと前のくぼみ
（便秘解消、ダイエット効果）

⑨指の付け根下
（疲労回復、ストレス発散、集中力を高める）

MASSAGE

3 甲の部分をほぐす

足の甲の部分……中足骨辺りを入念にほぐす。床に座った状態で手の指を使って、さまざまな方法で行う。

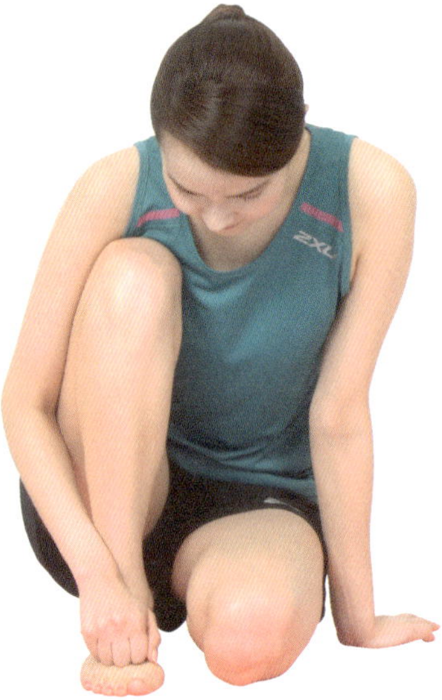

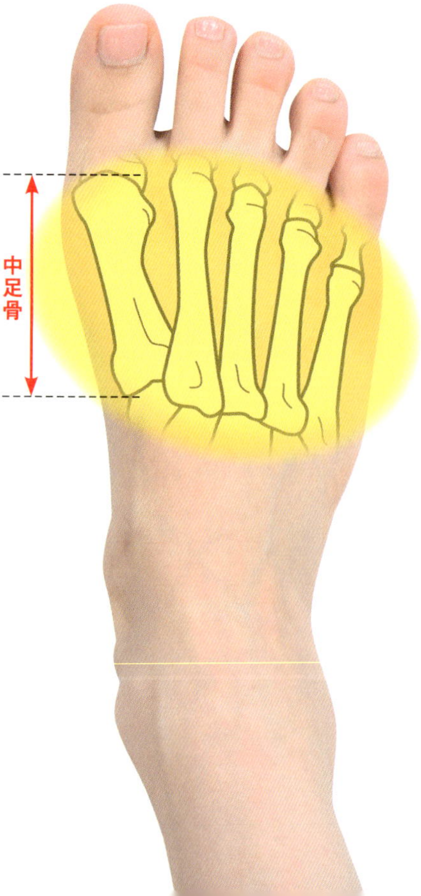

❶グーで全体をゴリゴリ

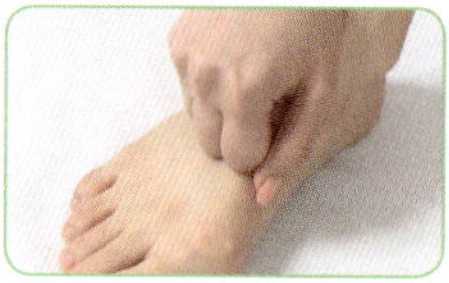

拳を握った手で中足骨間をゴリゴリと押す。

❷手のひらで全体をゴリゴリ

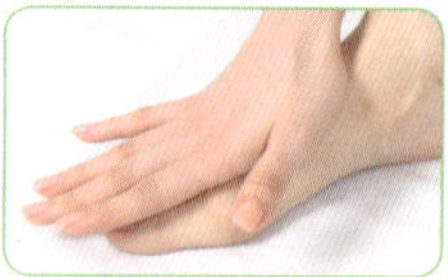

手のひらを足の甲に接し、さするようにして中足骨周辺をほぐす。

❸指先で中足骨間をほぐす

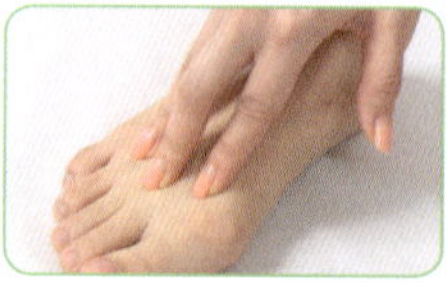

人さし指、中指など親指以外の4本の指で中足骨の間をほぐす。

❹内中足骨を外側に向けて広げる

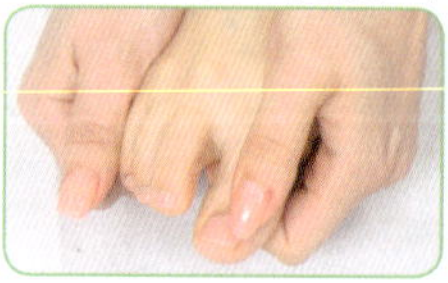

中足骨は手で親指と小指を持ち外側に向けてアーチ状に広げる。いずれも左右行う。

MASSAGE 4

ふくらはぎを内側からほぐす

抗重力筋でもあるふくらはぎをほぐす。まずは内側から、入念にケアしていこう。アキレス腱周りが硬い人に特にオススメ。また、バレーボール、バスケットボールなどジャンプ系競技を行う人のけが予防にも最適。

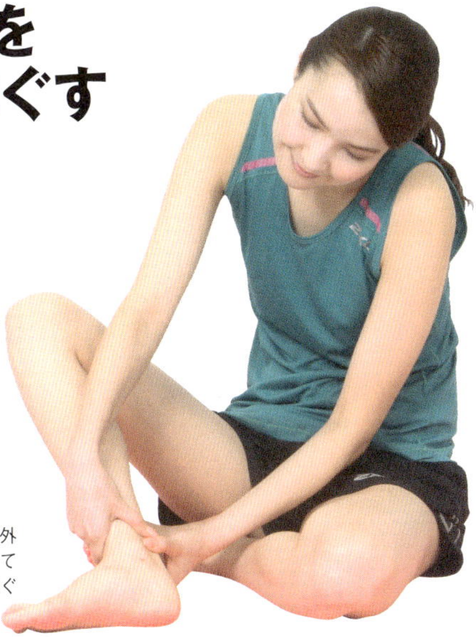

床に座り、親指と、それ以外の4本の指で挟むようにしてふくらはぎ部分を幅広くほぐす。両手を使って行う。

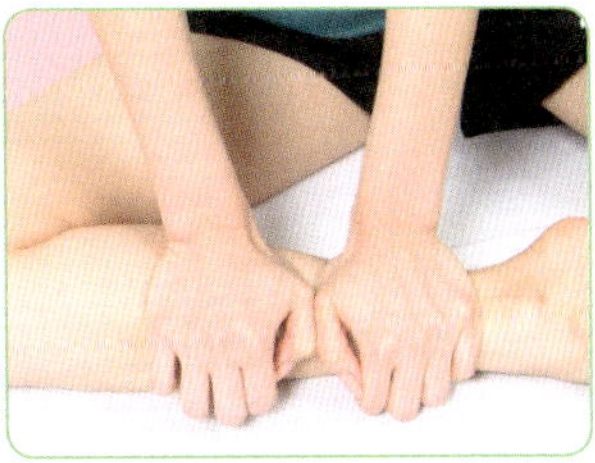

ふくらはぎに両手のひらを接する形で押す。左右ともに行う。

MASSAGE

5 ふくらはぎを外側からほぐす

床に座ってふくらはぎを外側から指、手のひらで押しほぐしていこう。下から上へ、上から下へ幅広く入念にケア。

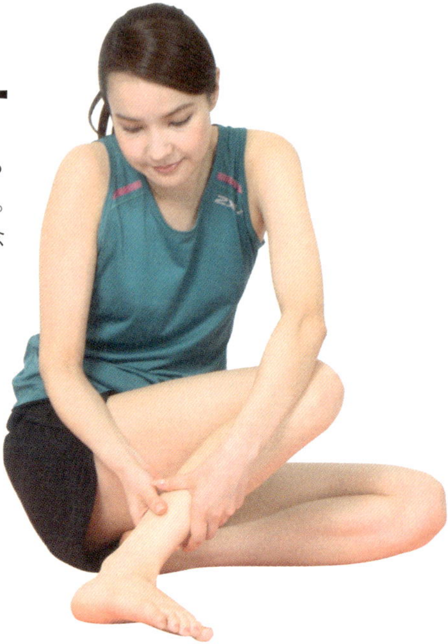

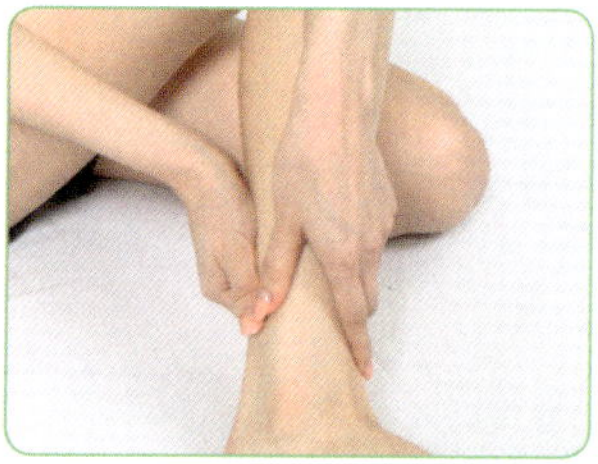

両手を使って、親指と、それ以外の4本の指でふくらはぎを挟む。親指で押し、ふくらはぎをほぐしていく。左右行う。

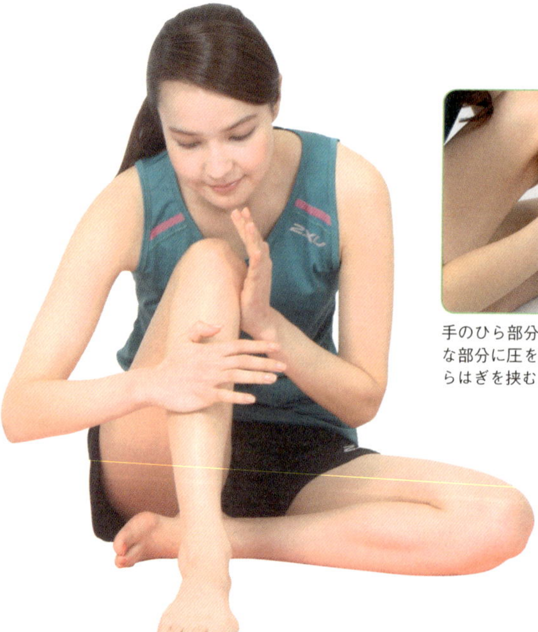

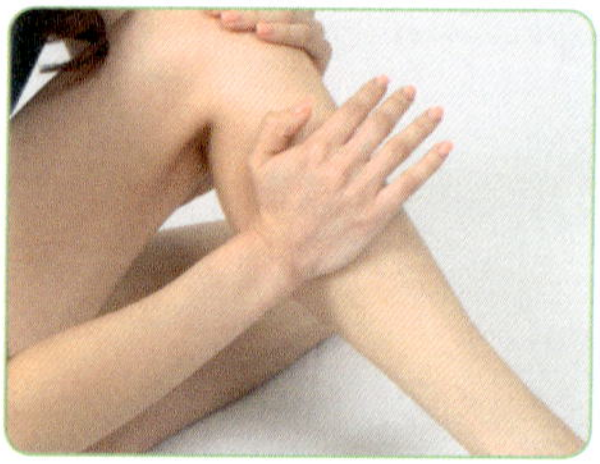

手のひら部分でふくらはぎの、さまざまな部分に圧を加えてほぐす。両手でふくらはぎを挟むようにしてケア。

MASSAGE 6 ふくらはぎをつまむ

ふくらはぎを下から両手を使って適度な力でつまみ、しっかりとほぐしていこう。下から上へ、上から下へ、幅広く行う。

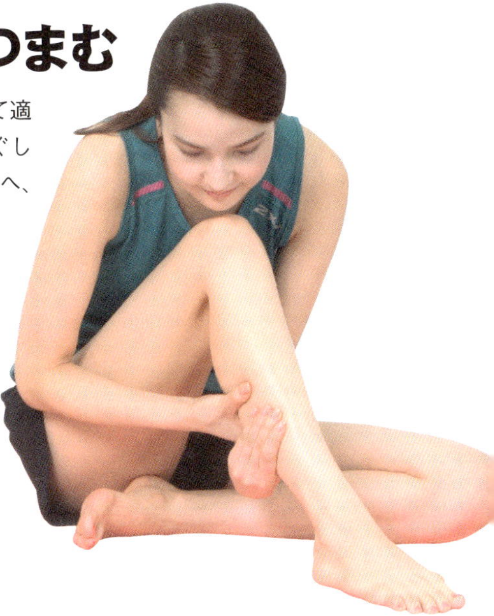

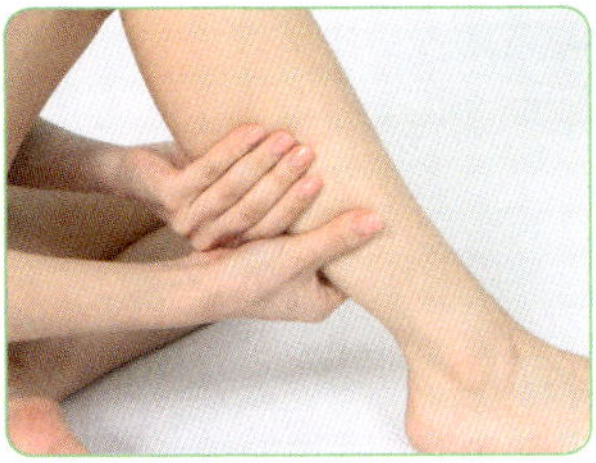

親指と、それ以外の4本の指でつまむ。左右のふくらはぎをケア。

MASSAGE 7 ふくらはぎを挟む

両手の指を絡めるかんじで、手のひらを用いてふくらはぎを挟んでほぐす。下から上に向けて幅広く行う。

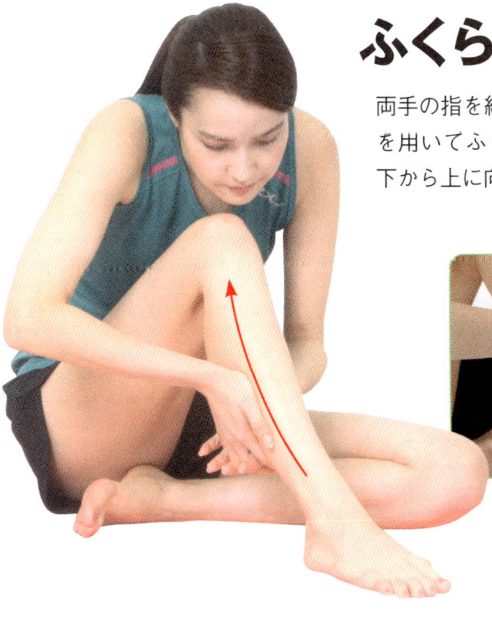

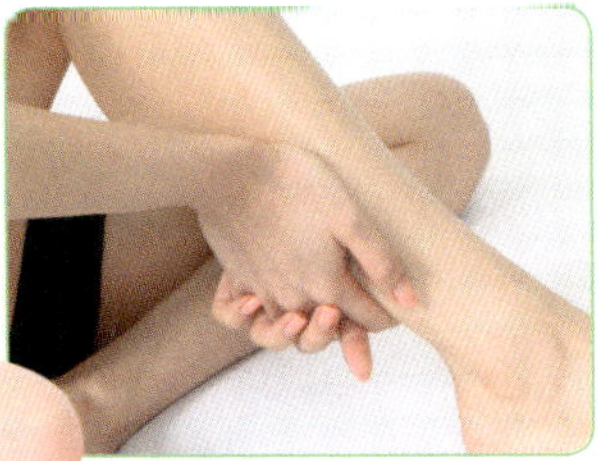

手のひら部分でふくらはぎに圧をかける。むくみを解消できる。

MASSAGE

8 ひざの後ろのくぼんだ部分を押す

ひざの裏側も、しっかりとほぐしておきたい。両手を使って、親指と、それ以外の4本の指でひざ下部分を挟み、親指でひざの裏側を押す。脚のむくみを解消。

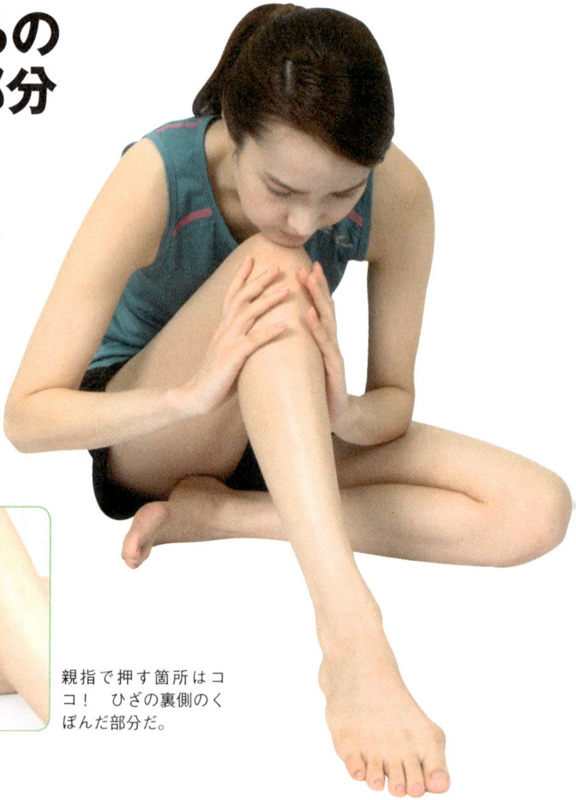

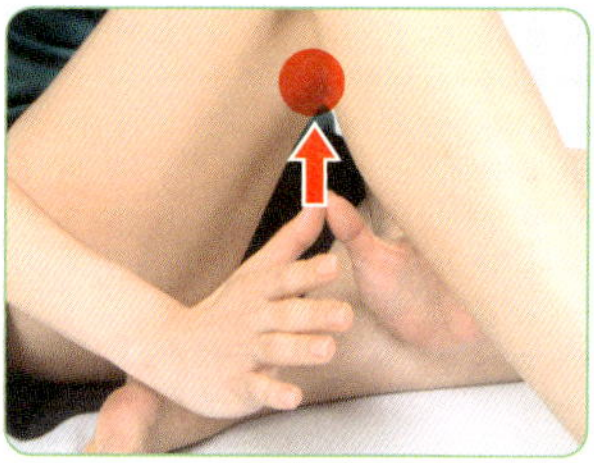

親指で押す箇所はココ！　ひざの裏側のくぼんだ部分だ。

あごをひざに接して行うと効率よくひざの裏側をほぐすことができる。左右共にやってみよう。

MASSAGE
9

両手でひざを挟んで押す

両手のひらでひざを挟み、内外側から圧を加える。ひざに程よい刺激を与えることができ効率よくほぐすことができる。

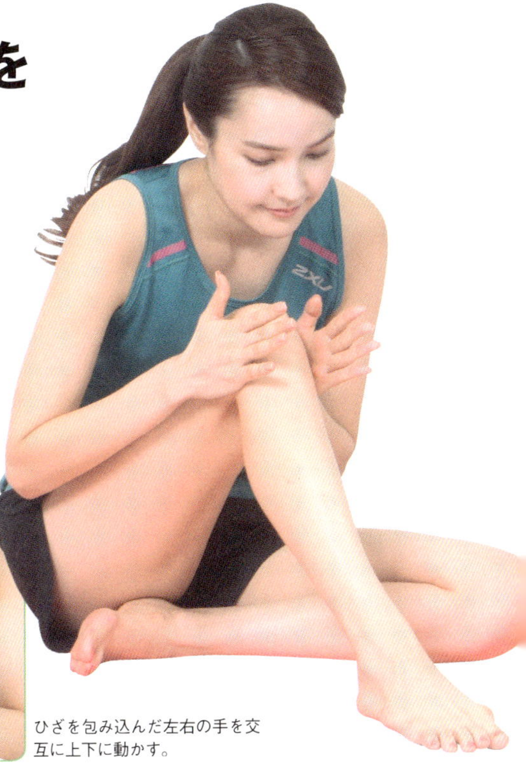

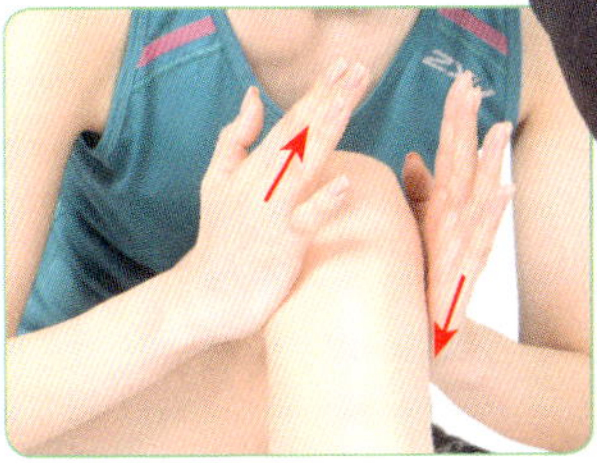

ひざを包み込んだ左右の手を交互に上下に動かす。

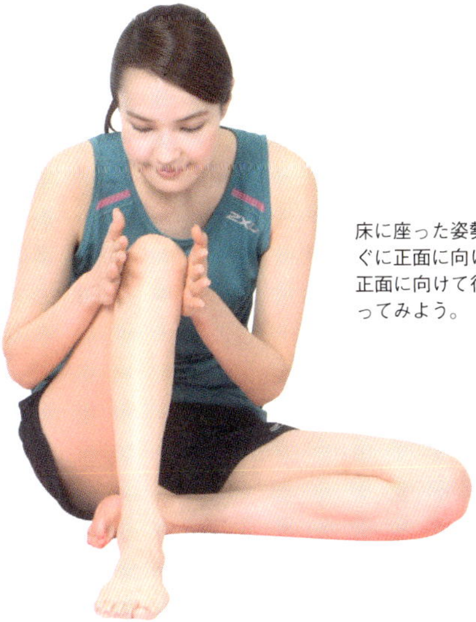

床に座った姿勢で足先は真っすぐに正面に向け、同様に上体も正面に向けて行う。左右共にやってみよう。

MASSAGE 10

太もも ラインを ほぐす

日常生活の中でも張ることの多い太もも前面をしっかりとほぐす。両手の指を重ねて押す形でジワリジワリと圧を加えていく。

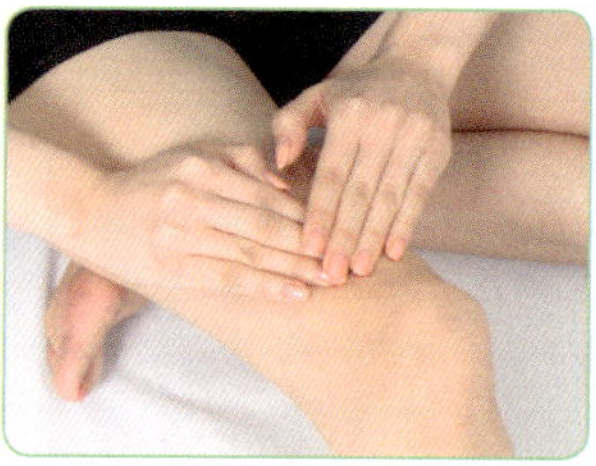

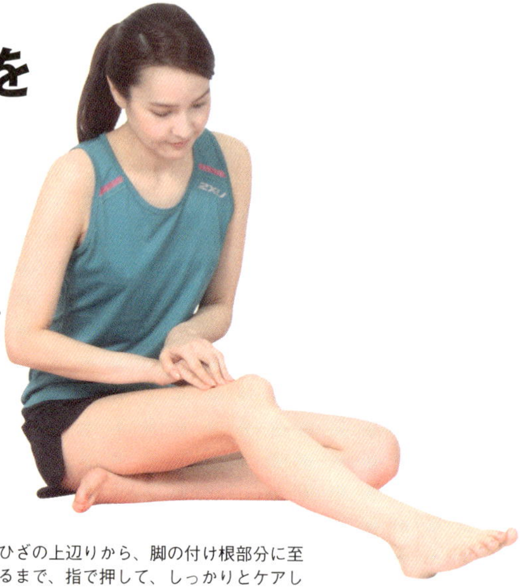

ひざの上辺りから、脚の付け根部分に至るまで、指で押して、しっかりとケアしていこう。左右の脚をほぐす。

MASSAGE 11

手のひらで ゴリゴリ押す

太もものひざ上部分を入念にマッサージする。手のひらを、ひざ上部分に当ててゴリゴリと押してみよう。

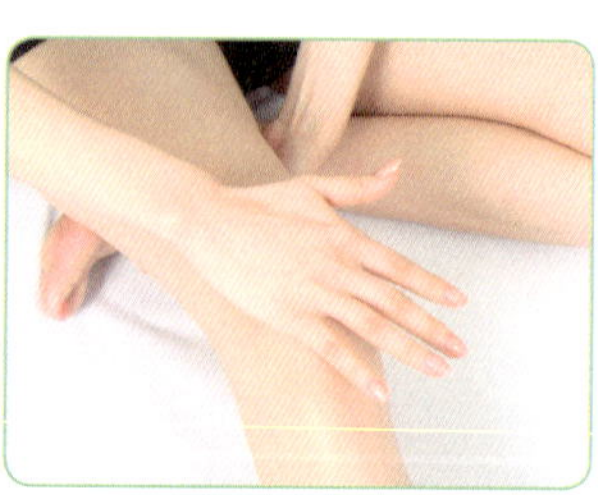

手のひらで太ももに圧を加える。左右行う。

MASSAGE 12

ひざから脚の付け根を押す

太ももを押す。股関節に重心を乗せるスポーツ（ゴルフなど）に取り組む人に特にオススメのマッサージ。クラブハウスなどでこまめにやっておこう。

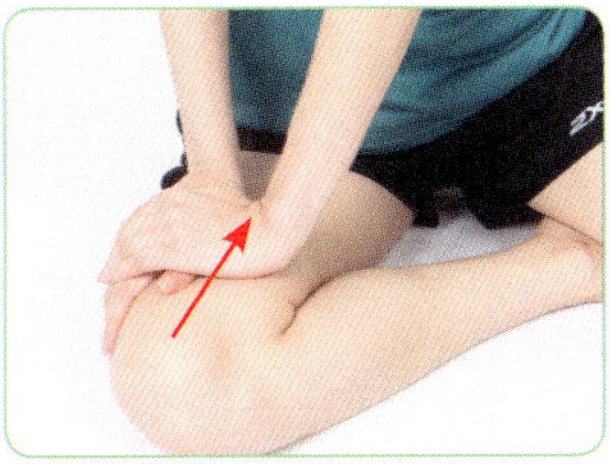

両手を重ね合わせて、ひざ上部の太ももに置き、適度な力で押す。圧を加える位置を脚の付け根部分へと移動させていこう。左右行う。

MASSAGE 13

脚の付け根からひざを押す

上で紹介した［MASSAGE12］とは逆に今度は、脚の付け根からひざ上に向けて太ももをマッサージする。この部分が硬くなっている時は、下肢に疲れがたまっているので運動負荷を少し下げよう。

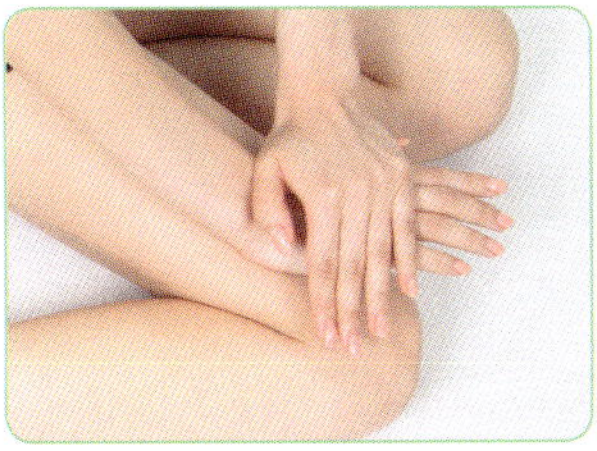

手のひら部分で太ももに圧を加える。左右行う。

MASSAGE 14

指で腸骨周りを押す

お尻横、骨盤周りの筋肉も、しっかりとほぐしておこう。両手を重ね合わせて、指で押していく。

足先を前に出した姿勢で腸骨の周囲を重点的に押す。左右共に、しっかりとケアしよう。

MASSAGE 15

手のひらで押す

上で紹介した[MASSAGE14]と同じ箇所を今度は手のひらを使って押す。お尻の筋肉を軟らかくしておけば、腰痛を予防できる。

ひざを畳んだ姿勢で手のひらで腸骨周りを押す。手の位置を上下させて広範囲をしっかりとほぐしておきたい。左右行う。

MASSAGE 16

背後からほぐす

あぐらをかいた姿勢で上体を前に倒しながら仙腸関節周りをほぐしていく。親指以外の4本の指でしっかりと押そう。

上体を前傾した時に出っ張る骨盤中央の骨を目安に行うとよい。

背後に腕を回し、骨盤中央の骨の周囲をほぐしていく。

MASSAGE 17

椅子に座って脚の付け根をほぐす

椅子に座って脚を適度に開き股関節近くの太ももを内側から、しっかりと押してほぐす。

両手を合わせて、手のひら部分で、脚の付け根を押す。左右行う。

MASSAGE
18

肋骨周りを
グーで押す

体側にも、しなやかさを宿しておきたい。肋骨周りに拳を当てて押し、刺激を加える。

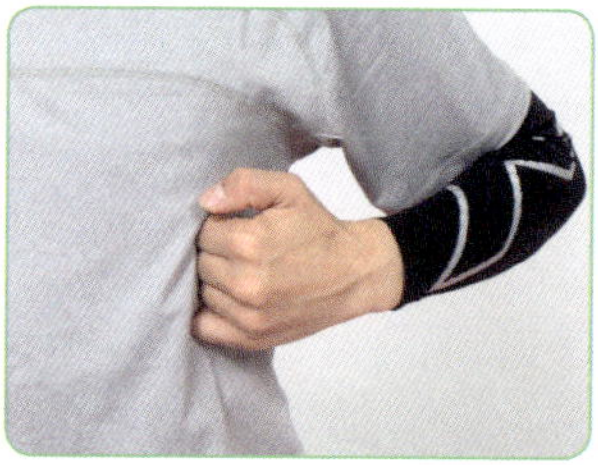

拳を肋骨周りに押し当てる。上から下へ、下から上へ幅広くほぐそう。左右行う。

MASSAGE
19

肋骨周りを
手のひらで押す

上で紹介した［MASSAGE18］同様に足首を重ねて座った姿勢から、今度は手のひらを使って肋骨周りをケアしていく。

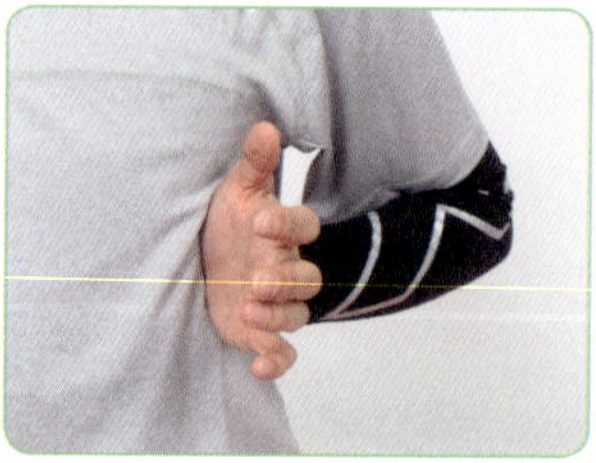

手のひら部分で肋骨を押し込むようにしてほぐす。左右行う。

MASSAGE 20

脇の下をほぐす

正座をし、体幹を真っすぐにした姿勢で、脇の下、肩甲骨の外側辺りを軽く押しながらさする。これを行うことにより、走る際の腕引きが良化される。

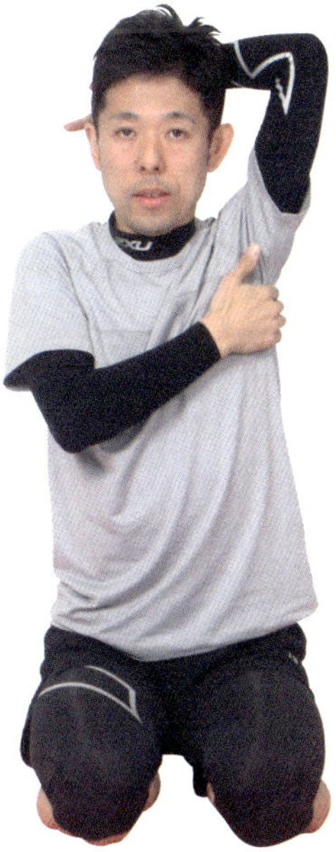

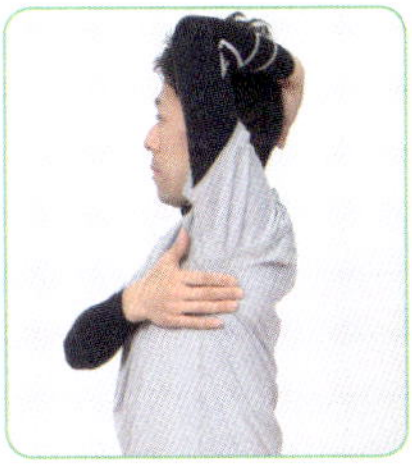

左手を頭の後方に上げて脇の下をさする。左右行う。

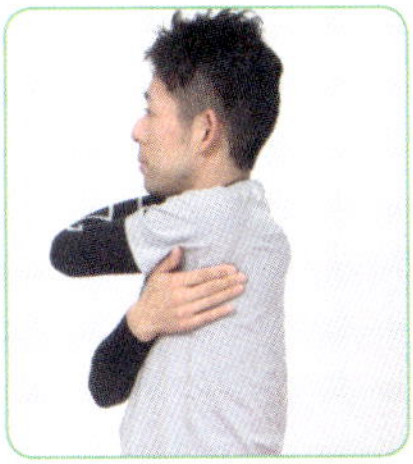

左手を右肩の上に置いて脇の下をさすると、筋肉を異なった方向にほぐすことができる。

MASSAGE 21

鎖骨の下から胸骨をほぐす

正座をし、体幹を真っすぐにした姿勢で、片手を後方に回し、もう一方の手で胸周りをマッサージする。上下左右、さまざまな方向に手のひらでさすってみよう。

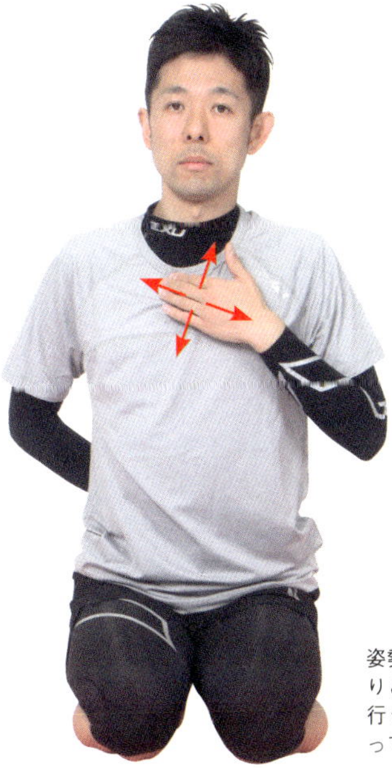

姿勢を崩すことなく、ゆっくりとした動きでマッサージを行う。左右逆パターンでもやってみよう。

MASSAGE 22

胸筋をつまむ

正座をし、背中のラインを真っすぐにした姿勢から、片腕を上げる。もう一方の手で胸の筋肉をつまんで、ほぐしていこう。ウエイトトレーニングなどで胸部を鍛えている人は特に、入念にやっておこう。

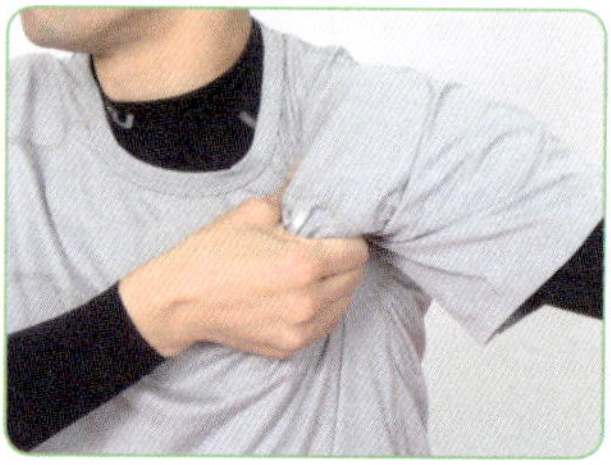

親指と、それ以外の4本の指で、しっかりと胸筋をつまむ。左右行う。

MASSAGE 23

腕の裏側をつまむ

上腕三頭筋も、しっかりとほぐしておきたい。ひじ近くから、肩近くにかけて幅広くマッサージ。

正座をし、左手を手のひらを上にして前方に差し出し、右手の指で上腕三頭筋をつまむ。左右行う。

MASSAGE 24

上腕二頭筋をほぐす

正座をし、力を抜いて片腕を下げ、上腕の内側の筋肉をほぐしていく。[MASSAGE22 ～ 25] は立って行ってもよいが、正座状態の方が安定感を持って筋肉をほぐせる。

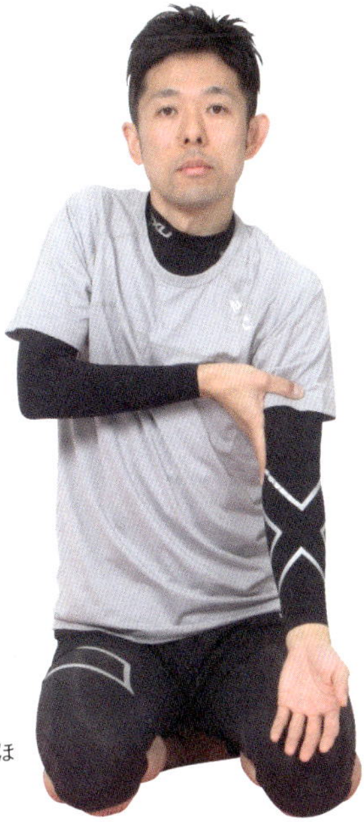

親指で押して上腕二頭筋をほぐしていく。左右行う。

MASSAGE 25

肩部をほぐす

正座をして、片手で逆側の肩をつかむようにしてマッサージを行う。人さし指から小指までの4本の指を使い、しっかりとほぐそう。

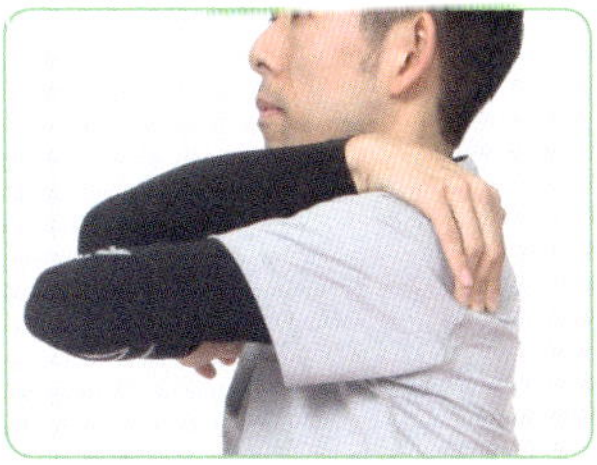

手のひらを支点にし、4本の指をイモ虫のように動かすことで、それほど力を使わずにマッサージすることができる。

MASSAGE 26

前腕外側をほぐす

前腕の外側の筋肉をほぐす。手首近くから、ひじ近くまで幅広くケアしておこう。

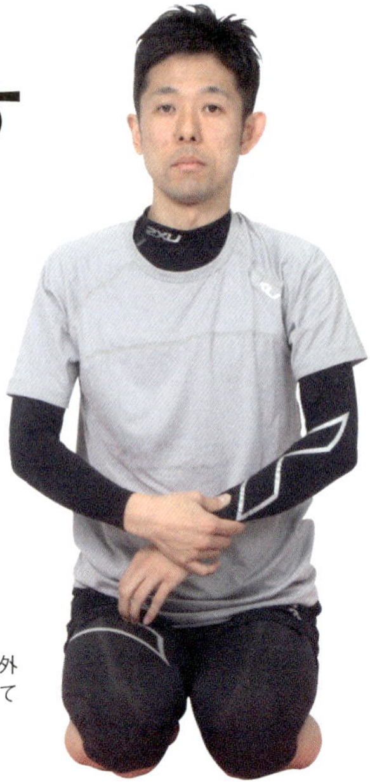

親指で押して前腕外側の筋肉をほぐしていく。左右行う。

MASSAGE 27

ひじをほぐす

ひじ周りの筋肉をほぐす。ひじを曲げた状態にし、もう一方の手の親指で押す。この部分にあるツボを押すことで首周りも軟らかくできる。肩凝りに悩む人にもオススメ。

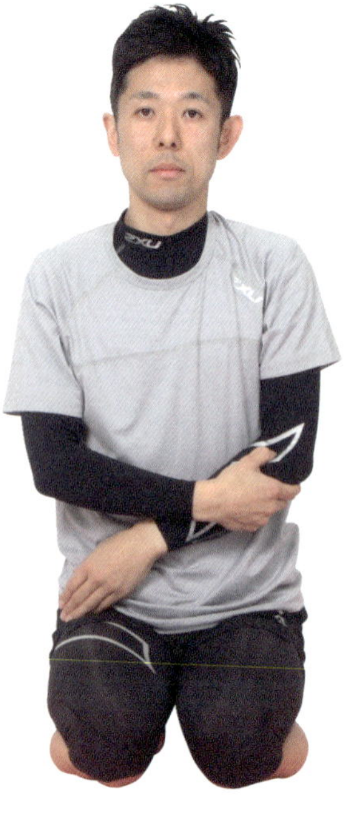

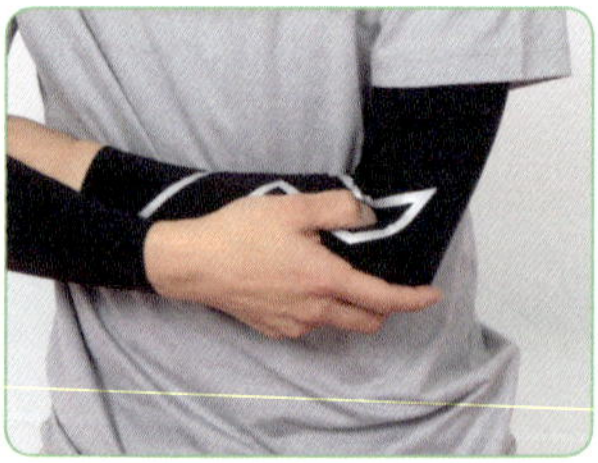

ひじの角度を少しずつ変えながら、ひじ周りの筋肉を幅広くほぐしていく。左右行う。

MASSAGE 28

ひじから手関節付け根をほぐす

座った状態で片腕の内側を、もう一方の手の指を使ってマッサージしてみよう。ひじ付近から、手首付近まで入念にほぐしていく。

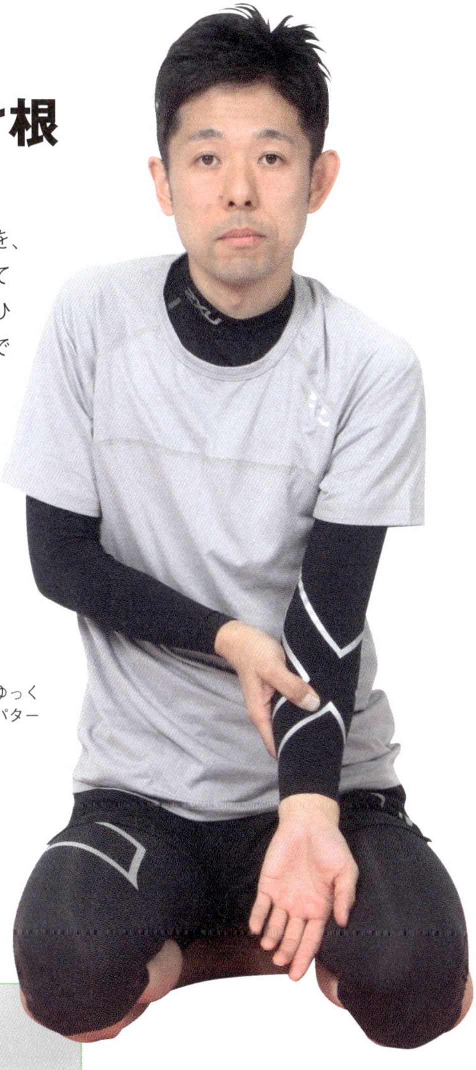

肩の力を抜いて、ゆっくりと行う。左右逆パターンもやってみよう。

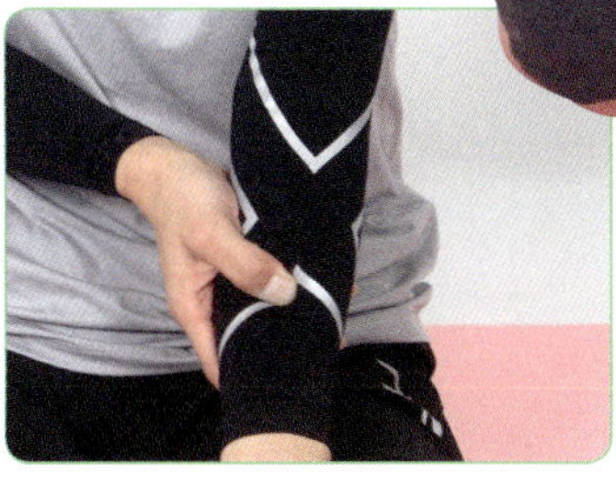

〈親指でほぐす〉

親指と、それ以外の4本の指で前腕を挟むようにして力を加え幅広くほぐしていく。

MASSAGE
29 頭部をもむ

頭部を両手のひらを大きく広げて、つかむようにしてもむ。5本の指を使って押すようにして頭皮に刺激を与えよう。

親指だけではなく、それ以外の4本の指にも力を込めてもむように押してみよう。心地よさを感じることができる。

MASSAGE
30 頭蓋骨をつかむ

幅広く頭部をマッサージしていこう。頭頂部から首上にかけて5本の指でしっかりとケアする。眼精疲労を緩和できる。

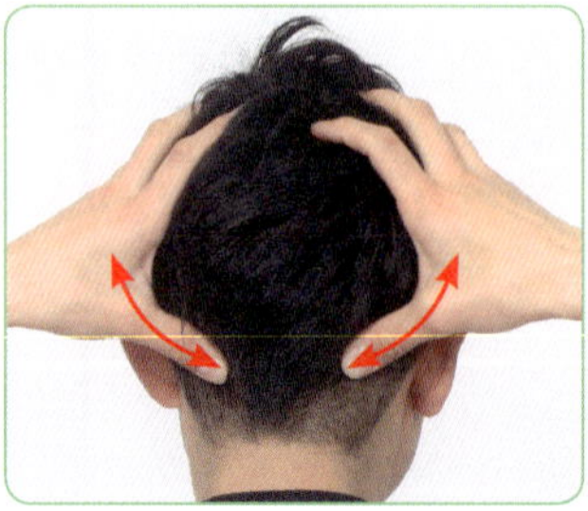

頭蓋骨を広げた両手でつかみ指で圧をかけ刺激を与えていく。

RESET 31 首後ろを片手で押す

正座をし、首の後ろ部分を片手の指で押してしっかりとほぐしていく。

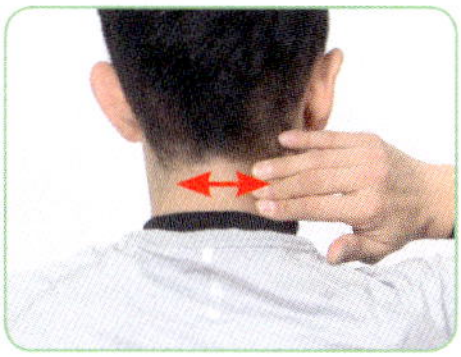

使う指は人さし指から薬指までの3本。ゆっくりとしっかりと押す。左右行う。

RESET 32 首後ろを両手で押す

正座をし、首の後ろ部分を両手の指を使って、しっかりと押してほぐす。

両手の人さし指から薬指までを使って、しっかりと押す。両手を左右に動かし幅広い範囲をケアしていこう。

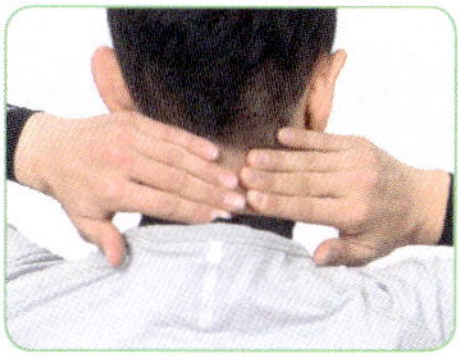

RESET 33 キャップラインをもむ

側頭部を両手で挟むようにして指で押して、しっかりとほぐす。噛む力が強化され、集中力が養われる。

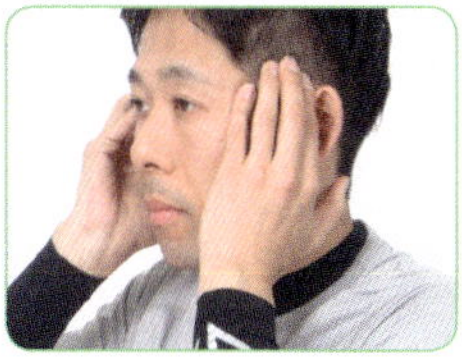

キャップをかぶった際のラインに沿わせるようにして側頭部を人さし指から薬指の3本で前後に押す。

MASSAGE 34

手のひら、手の甲周りを押す

リラックスして座り、手のひら、手の甲、指をくまなくマッサージしていく。つまむ、挟む、押す、握る……さまざまな方法でほぐしていこう。

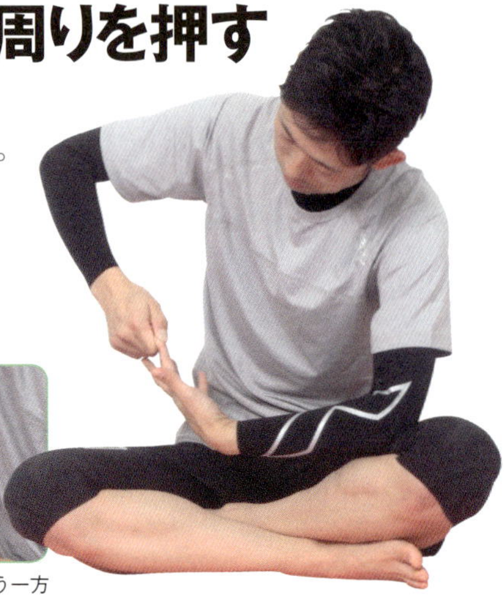

❶指つまみ

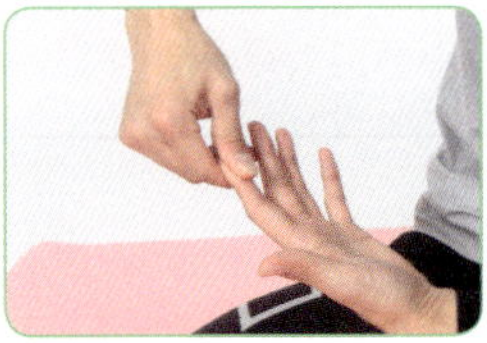

親指から小指にかけて1本ずつ、つまむようにしてほぐしていく。

❷指挟み

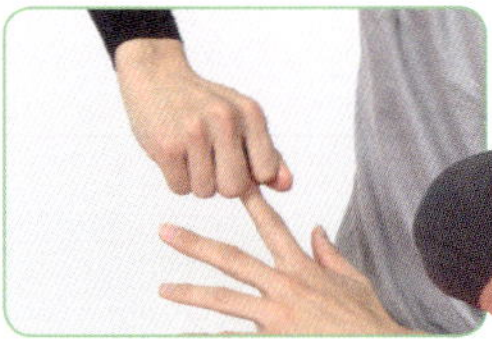

人さし指と中指の間に、もう一方の手の指を1本ずつ挟んでほぐす。免疫力を高める。①、②共通。

❸両手握り

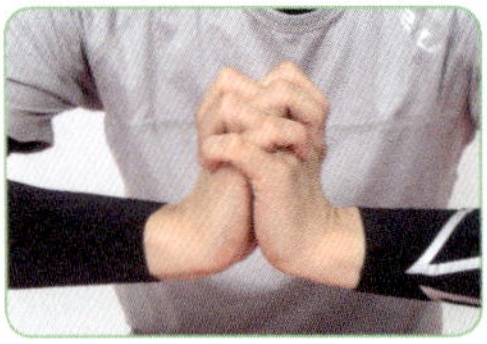

両手の指を絡めて、両手のひらを合わせて、適度な力を込めて押し合う。集中力を高める。

❹手のひら指付け根

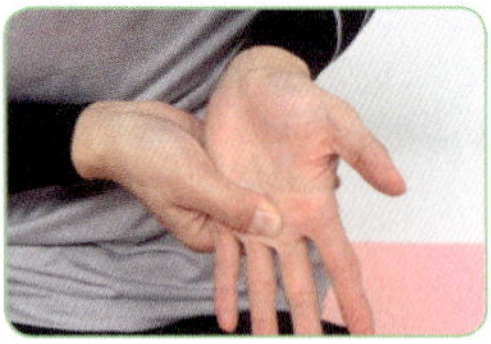

手のひらを広げて、もう一方の手で5本の指の付け根を順に押していく。指周りの動きをなめらかに。

❺親指腹

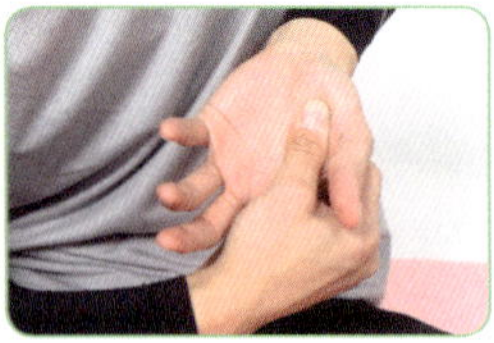

親指の付け根部分を、もう一方の手の親指と、それ以外の4本の指で挟み、親指で押す。消化器系の働きを活性化。

❻親指腹背面

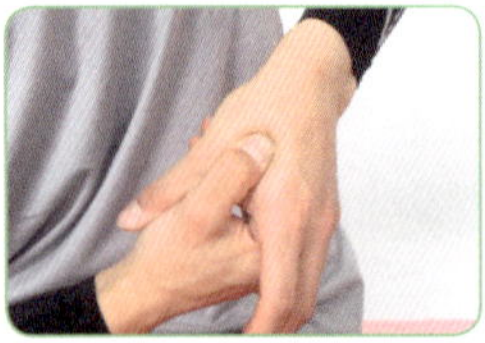

甲部分を上に向け、親指の腹背面を、もう一方の手の親指で押してほぐす。呼吸器の能力を高める。

❼手のひら中心

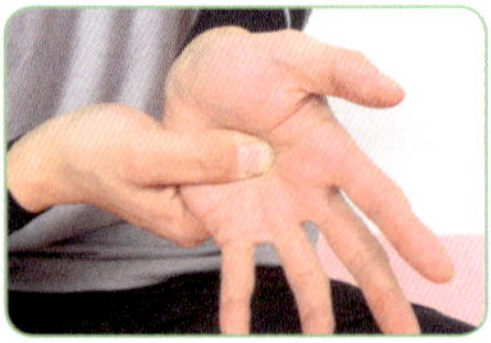

手のひらの中心部分を、もう一方の手の親指と、それ以外の4本の指で挟むようにしてほぐす。疲労回復に効果あり。

❽手の甲指の付け根

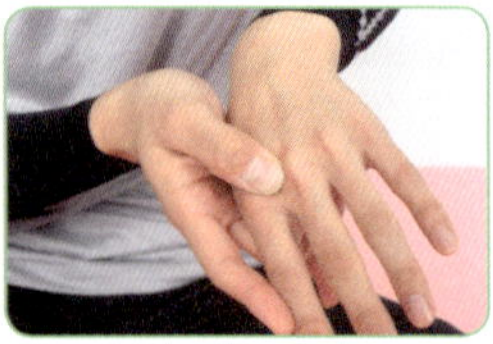

手の甲側の指の付け根を、もう一方の手の親指で押してほぐす。背中周りの反射区。

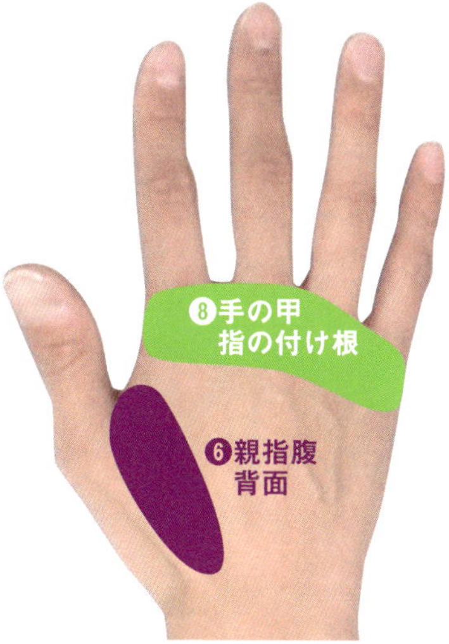

手のひら、手の甲ポイント

❶指つまみ
❷指挟み
❸両手握り
❹手のひら指付け根
❺親指腹
❻親指腹背面
❼手のひら中心
❽手の甲指の付け根

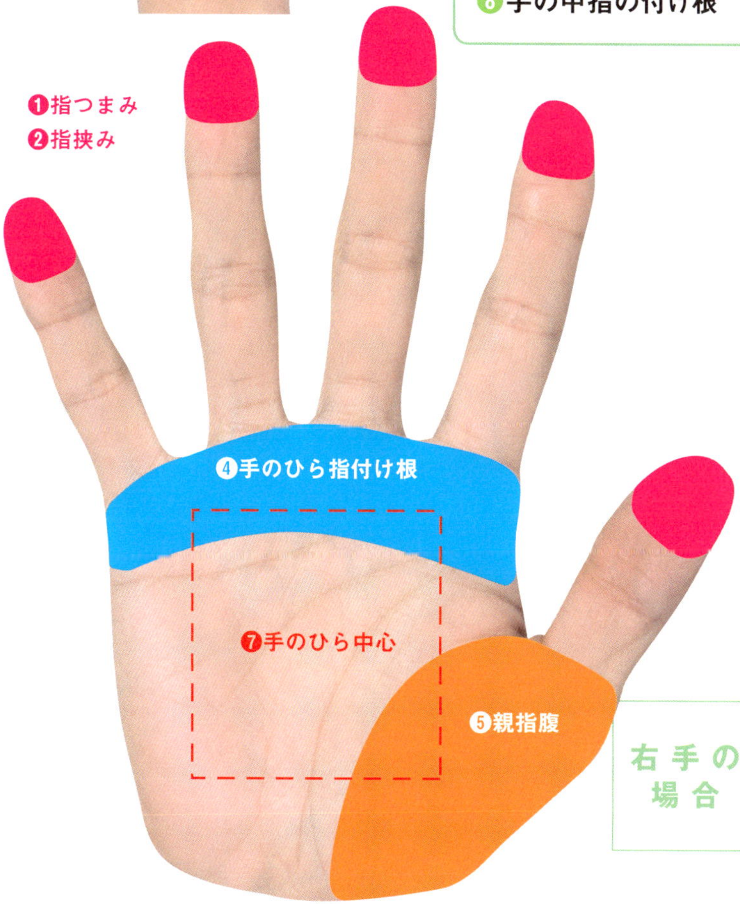

右手の場合

Ball Massage

CHAPTER 2

ボールを使ってほぐす

常にテニスボールを持ち歩いて活用しよう

セルフマッサージはテニスボールを用いることで、バリエーション豊富に、また効果的に行うことができます。野球のボールは硬すぎ、ゴムボールは軟らかすぎるためテニスボールが、マッサージには最適だといえるでしょう。

　ふくらはぎ、すね、太もも、お尻、足裏といった下半身、背骨周り、肩甲骨周りなどの上半身を、ボールの力を借りてほぐしていきます。場所を問わずどこでも簡単にできるものが多いので、常に鞄にテニスボールを入れておき、気が付いた時にマッサージに活用しましょう。

ふくらはぎ周りマッサージ

MASSAGE 35

正座してすねの下

正座をし、すね外側の筋肉にボールを当てて、両手を太ももの上に置いて軽く押してみよう。すねの外側部分を幅広く効率よくマッサージすることができる。

ボールを下肢の下に置き太ももの上に置いた両手を軽く押す。

徐々にボールの位置を後方へとずらしていく。これにより、すねの外側部分を幅広くケアできる。

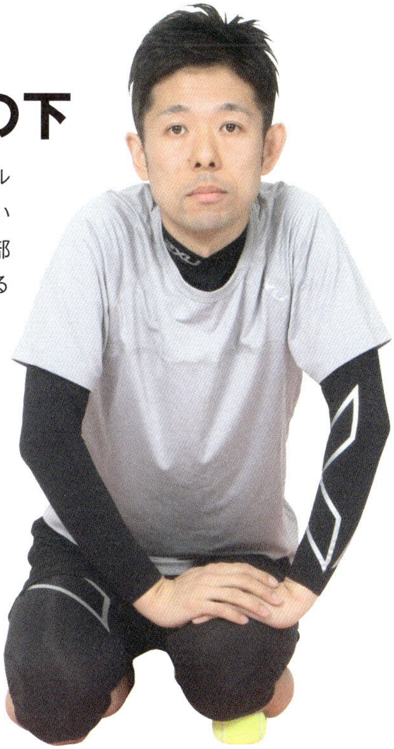

すねの外側の筋肉にボールを当てる。

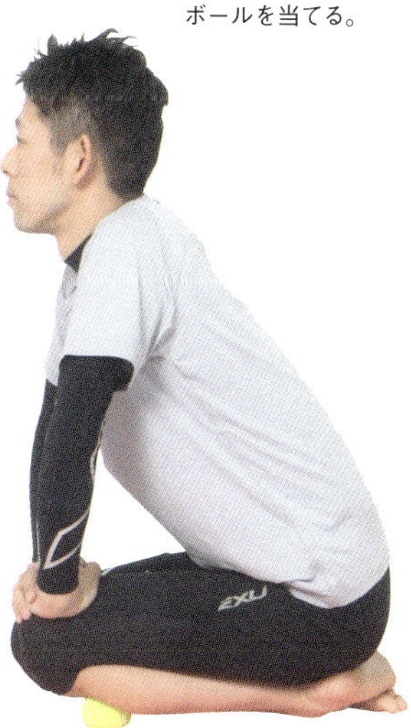

視線は正面に向ける。下を向いて背中を丸めてしまうと、マッサージ効果を十分に得られない。

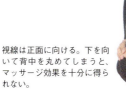

MASSAGE 36

ふくらはぎの下

ふくらはぎもボールを用いることで効率よくマッサージすることができる。片脚を伸ばして座った姿勢でふくらはぎの下にボールを置き片手でつま先を持ち、もう一方の手で太ももを押さえる。

ボールの位置を変えていくことで、ふくらはぎのさまざまな部分をほぐしていこう。左右行う。

MASSAGE 37

ひざ裏に挟む

ボールをひざ裏に挟んで、ふくらはぎを、ほぐしていく。両手を前方につき、両ひざをついた状態でゆっくりと腰を下ろしていこう。

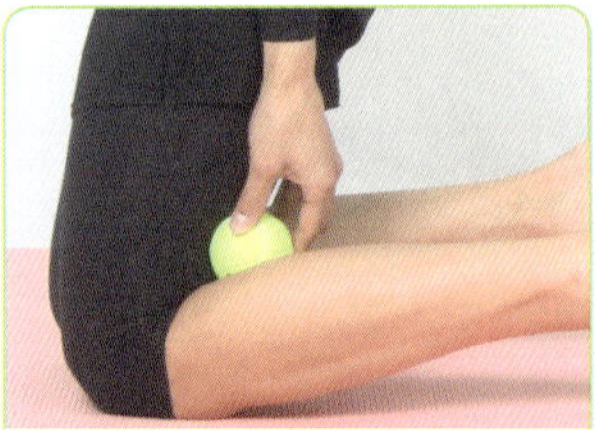

ボールを挟む箇所はひざの裏側付近。ふくらはぎの上部を自体重を使ってほぐすことができる。無理はせずに。

MASSAGE 38

太ももの下

伸ばした片脚の太ももの下にボールを置いて、上体を倒すことでハムストリングスをほぐしていく。ボールの位置を変えて太ももの裏側を幅広くマッサージしていこう。

ボールを太ももの下に置いて側面、ハムストリングスに心地よさを感じることができる。左右行う。

MASSAGE 39

もも裏に挟む

ひざ裏に近い部分にボールを挟み、両腕でそのひざを抱える。太ももの裏側を効率よくほぐすことができる。

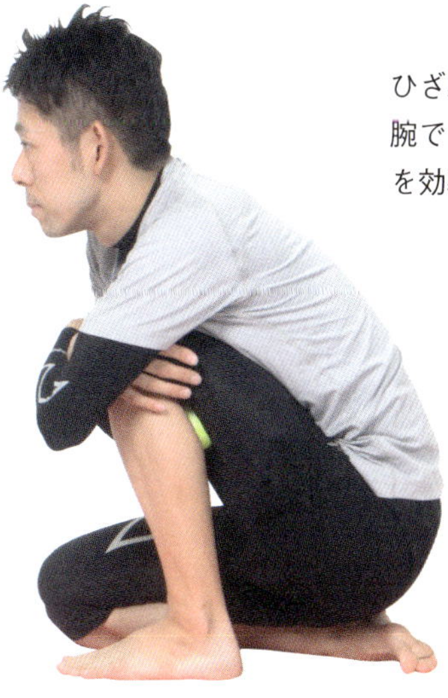

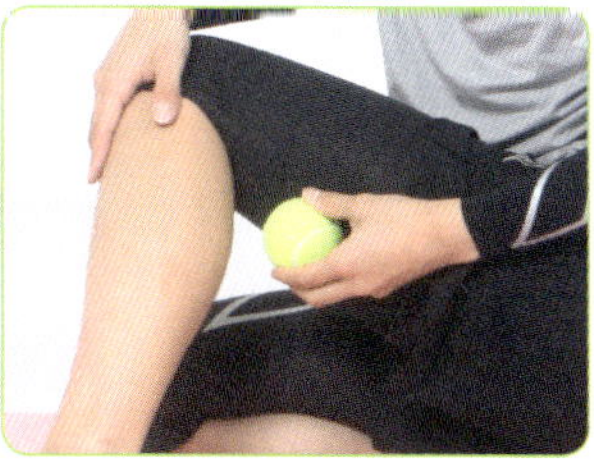

ボールを挟む箇所はひざ裏に近い部分。左右行う。

MASSAGE 40

太ももの内側

うつぶせになった状態で太ももの下にボールを置き、脚を動かしてマッサージ。左脚、右脚の太もも内側をしっかりほぐそう。

まずはボールをひざに近い位置に置く。そこから徐々に股関節に向けてボールを置く位置を変えていこう。

MASSAGE 41

太ももの外側

太ももの外側もボールを使って効率よくほぐすことができる。片側のひざを曲げ、ほぐす側の脚は伸ばして行う。ひざ痛を緩和、予防することにも効果がある。

両手を床についてバランスを保ちながら、太もも外側と床の間に挟んだボールを下半身の動きで転がす。

MASSAGE 42

椅子に座って太ももの下

オフィスで椅子に座ったままでも簡単にできる太もも裏側のマッサージ。太ももの裏側と椅子のシートの間にボールを挟み、ひざの上に両手を置いて、もも裏を刺激する。

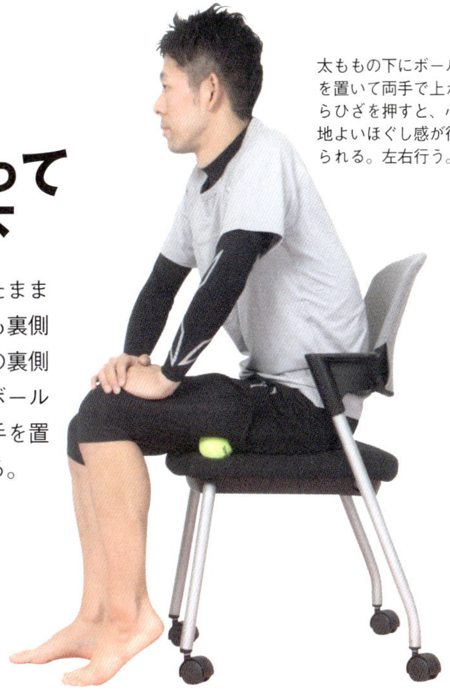

太ももの下にボールを置いて両手で上からひざを押すと、心地よいほぐし感が得られる。左右行う。

MASSAGE 43

椅子に座って尾骨の下

尾骨周りもボールを用いて、しっかりとほぐしておこう。椅子に座ったままできるので、仕事の合間にも行える。

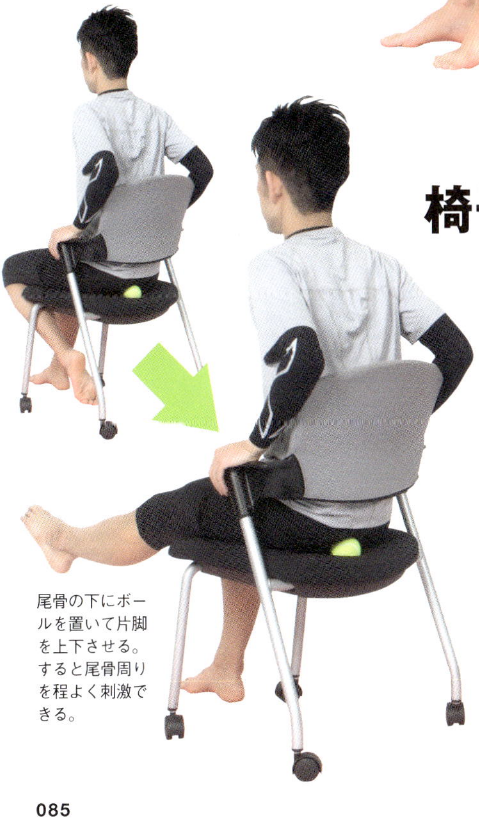

尾骨の下にボールを置いて片脚を上下させる。すると尾骨周りを程よく刺激できる。

ボールを置く位置は尾骨の真下。骨盤のゆがみを正す効果がある。

MASSAGE 44

お尻の下

床に座り、両手を後方につき、両脚のひざは曲げる。その姿勢でボールをお尻の下に置いてカラダを前後に動かしてみよう。お尻周りの筋肉を柔軟にすることで腰痛を緩和、予防できる。

お尻部分をほぐすことができる。ボールを置く位置を左右に変えると、幅広くお尻の筋肉をマッサージできる。

MASSAGE 45

ひざ上げ仙骨の下

あおむけになり片ひざを曲げた姿勢で仙骨の下にボールを置く。自重が程よい重みとなって、仙骨周りの筋肉をほぐすことができる。

両手は胸の下で組む。視線は真上に向け仙骨周辺に心地よさを感じよう。

MASSAGE 46

仙骨の下

右ページで紹介した［MASSAGE45］の応用バージョン。あおむけ姿勢から今度は両脚を伸ばした状態で仙骨の下にボールを置く。

視線は真上に向け両手を胸の下で組んだ状態で、床に向けて自重をかける。仙骨周辺が程よくほぐせる。

MASSAGE 47

お尻のラインに沿って

上で紹介した［MASSAGE46］と同様に仙骨の下にボールを置き、今度は両ひざを曲げ、また両腕も左右にわずかに広げ、カラダを前後左右に動かしてみる。

カラダを動かすことで仙骨周りを幅広くマッサージすることができる。

MASSAGE 48

首から腰に沿って

カラダの背面をボールを使って幅広く、しっかりとほぐしていこう。あおむけになり、両ひざを曲げた姿勢で首から、腰近くまでをマッサージ。

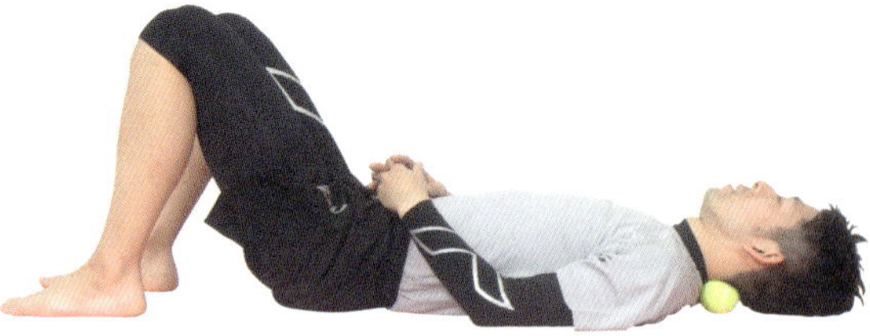

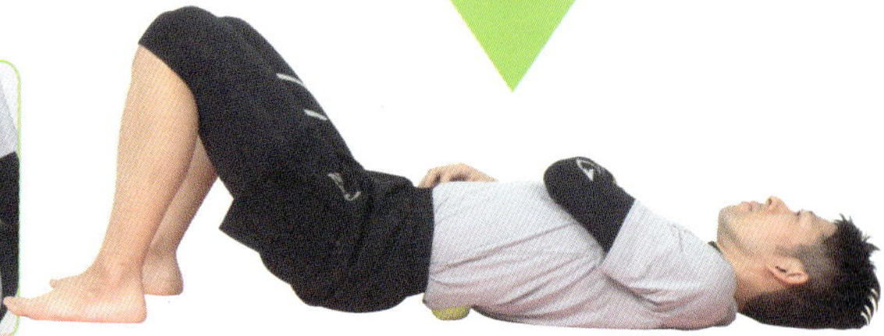

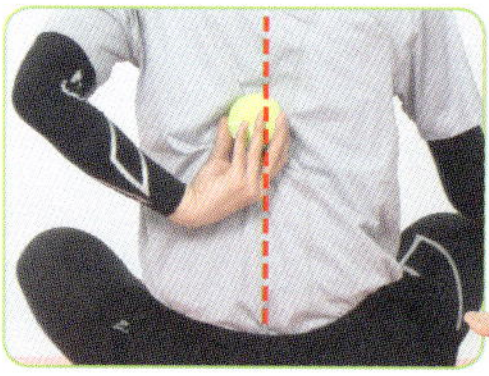

ボールを置く位置は背骨の脇。

MASSAGE 49

首を回す

あおむけになり両ひざを立て両手をへその下に置いた姿勢を取る。ボールは首よりやや上、頭部の下の方に置く。この状態から首を左右に傾けてみよう。眼精疲労を和らげることができ、集中力を高める効果もある。

ボールを後頭部の下の部分に置き首を右へ傾ける。

左にも首を傾ける。首を程よくマッサージできる。

肩甲骨マッサージ

MASSAGE 50

肩甲骨の下

肩甲骨周りをボールを用いてほぐしておこう。ボールを置く位置をさまざまに変えることで背中上部を効率よくマッサージできる。

あおむけに寝て、かかとを引き付けるようにして両ひざを立てる。肩甲骨の下辺りにボールを置き自重も用いて背中部分をほぐしていく。

足裏マッサージ

MASSAGE 51

足の裏

真っすぐに立ち、手は腰に置き、脚は前後に開いて足裏にボールを置く。ボールをしっかりと踏みしめよう。58～59ページで紹介した[MASSAGE2]と同様の効果が期待できる。

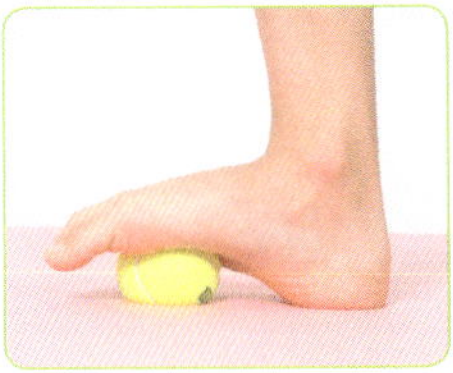

足裏と床の間にボールを挟む。ボールの位置は、さまざまに変えてやってみよう。

column 3

筋トレでカラダを鍛える際にマッサージは必要

リセットせずに筋トレを続けると大変なことに……

「筋力強化を目的にウエイトトレーニングを行う場合、カラダをほぐす、または軟らかくすることは得策ではないように思います。その場合は、マッサージやストレッチはしない方がよいのではないでしょうか」

以前に、そう尋ねられたことがあります。

ウエイトトレーニングに限らず、ある程度カラダの強度を保ったまま行う競技の場合、確かにカラダをゆるめすぎてはいけません。ゆるめることでパフォーマンスを向上できなくなることもあります。例えば短距離走の前に足首を必要以上にゆるめるべきではないでしょう。

しかし、ウエイトトレーニングで筋力を強化する際にも、マッサージやストレッチが不要なわけではありません。むしろ、とても大切なのです。これは、すべての運動に共通していえますが、カラダはニュートラルな状態にして行うべきです。そうではないままトレーニングを続けても正しい肉体強化はできないのです。

もし、骨格がゆがんだままの状態でウエイトトレーニングを続け、筋肉を付けたとしても、それは決して見栄えの良いカラダにはならず、いびつさを目立たせるものになります。また、関節の可動域を無視して肉体作りをしたならば、筋骨隆々なものになったとしても、機能性を備えた「しなやかなカラダ」には成り得ません。

ウエイトトレーニングを行う際にも、<リセット→マッサージ→ストレッチ>でカラダをケアしておくことは、とても大切なのです。

Chapter 3

ストレッチ編

ストレッチ
Stretch

Chapter 3

ストレッチ編

効果的に行うための四つの重要ポイント

ストレッチを効果的に行うためには、いくつかのポイントがありますが、それを、「注意点」として四つにまとめてみます。

①呼吸は止めずに自然に行う。

②リラックスして、伸ばしている箇所を意識する。

③痛みを強く感じるまで無理して伸ばさない。

④義務化せず、日常生活の一部に組み込む。

まず①の呼吸ですが、筋肉を伸ばしている時に息を吸い、縮める時には息を吐くというのが一般的でしょうが、特に、それを深く考える必要はありません。「ここで吸う、ここで吐く」といったことを意識しすぎてしまうと脳が混乱してしまいます。すると、「伸びを感じる」という最も大切なことが、おろそかになってしまうので自然呼吸でOKです。

次いで②ですが、これがとても重要。ストレッチの主目的は、筋肉の柔軟性を

保つことと、関節の可動域を広げること。そのためには、筋肉の伸びをしっかりと感じなければなりません。単に各種目の形をまねるだけではなく、筋肉に心地よい伸びを感じながら行ってこそ効果が伴います。

③ですが、伸ばしすぎは禁物です。まだカラダが硬い状態では、本書の中で紹介しているような理想的なポーズが取れないことが多々あります。そんな時は、無理をしないでください。できる範囲でカラダの各部位を伸ばし、徐々に柔軟にしていきましょう。

最初から無理をしてけがをしては、元も子もありません。ストレッチを継続して行えば、時間はかかっても必ず、あなたのカラダは柔軟になり、動きやすくなります。

そして④。これは前にも記しましたが、ストレッチを特別なことだと思わないのが継続の秘訣です。あえてストレッチタイムを設ける必要はありません。行う時間は、いつでもよいのです。例えば通勤中に駅のホームで電車を待っている間に立ったままで上半身の筋肉を伸ばす。同じことを昼休みにやってみる。また、帰宅して入浴した後にテレビを見ながら下半身をケアしていく。「やらなければ」と意識することなく、「気が付いたらカラダを伸ばしていた」というのが理想。ストレッチを食事や睡眠と同じように日常生活の中に自然に組み込んでみましょう。

最後に、ストレッチは、リセット、マッサージと合わせて行うことをオススメしておきます。

Basic Stretch

CHAPTER 3

ベーシックストレッチ

静かな動きで、ジワリジワリと伸ばす

本章のストレッチは単体で行うだけでも十分な効果が得られるものです。ただ、その前に「リセット」「マッサージ」をカラダに施せば筋肉や関節に与える効果をさらにアップできるのです。本書の第1章、第2章で紹介したメニューでカラダの準備を整えてからストレッチを始めることをオススメします。

ここで紹介するのは、静かな動きで、カラダのさまざまな筋肉をジワリジワリと伸ばしていくベーシックなものです。健康な日常生活を送るためにも、スポーツでハイレベルなパフォーマンスを実現するためにもストレッチは欠かせません。

太もも ストレッチ

STRETCH 1

太もも裏側

床に座った状態で太ももの裏側をしっかりと伸ばす。伸ばしている脚のひざの裏側が浮かないように、手でひざを押さえて行おう。

伸ばしている側のひざ裏を床から浮かせてしまうと、太ももに十分な伸びを感じることができない。

ひざが浮かないように片手で軽く押さえる

右脚を伸ばし、左ひざを曲げた姿勢から、上体を前に倒し、右手で右足のつま先を持つ。左右逆パターンもやってみよう。

STRETCH

2 太もも表側

太ももの表側にも心地よい伸びを感じよう。上体をひねることによって腰部も伸ばすことができる。

床に座って後方に手をつく。右ひざは曲げて倒し、左ひざは立てる。この姿勢から上体を右方向にひねる。左右逆パターンもやってみよう。

太ももに、しなやかな伸びを感じよう

上体をひねる時に、背中を丸めたり、反らしたりしないように注意。視線の高さを変えずにやってみよう。

STRETCH 3

股関節パタパタ

脚の付け根部分の筋肉は硬くなりやすいため、柔軟性を保つストレッチを入念にしておきたい。背筋を真っすぐにし、両手でかかとをしっかりと引き付けて行おう。

床に座った状態で両足の裏を合わせる。この姿勢からかかとを手前に引き付けて両ひざを上下に「パタ！　パタ！」と動かしてみよう。

両手でかかとをしっかりと引き付けて行おう

背筋は真っすぐに！　背中を丸めてしまうと股関節周りの筋肉をしっかりと伸ばすことができない。視線は正面に向けよう。

STRETCH 4

上体前倒し

前ページの［STRETCH3］の姿勢から、つま先を少し前へ出すようにして上体を前へ倒す。額を足先につけてみよう。

意識を置くべき箇所は股関節周り。

できる範囲で上体を前へと倒す

額が足先につけばベストだが、このポーズが取れない人は、できる範囲で上体を前に倒してみよう。

STRETCH 5

ひざ抱き お尻伸ばし①

日常生活の動作では意識しづらいお尻の付け根部分、大殿筋もしっかりと伸ばしておこう。背骨周り、腰周りにも伸びを感じることができる。

床に座った状態から右ひざを内側に曲げ、それをまたいだ左脚のひざを立て抱え込む。左右逆パターンもやってみよう。

視線を正面に向け、体幹は真っすぐに!

背中のラインを丸めずに、真っすぐにして行うことが大切。視線は真正面に向けてお尻の筋肉の伸びを感じよう。

STRETCH 6 ひざ抱き お尻伸ばし②

前ページで紹介した[STRETCH5]の姿勢から、曲げていた右脚を真っすぐに伸ばす。さらに、お尻の筋肉を伸ばすことができる。

視線は正面に向け体幹は真っすぐに！　左側のお尻の筋肉に伸びを感じる。左右逆パターンもやってみよう。

抱えたひざを、しっかりと手前に引き付ける

左ひざを両手で抱えて手前にしっかりと引き付けることで、左側のお尻の筋肉が伸びる。

STRETCH 1

お腹伸ばし

腹部の筋肉を常に柔軟にしておくことは、体幹の安定を得るうえでとても重要になる。使える筋肉をはぐくむ、また、お腹の出っ張りを抑えるためにも重要なストレッチだ。

手をつく間隔は肩幅より少し広めに!

両手を肩幅よりも少し広めに開いてつき、右ひざを直角に曲げて外側に置く。肩の力を抜いてリラックスした状態から、お腹周りの伸びを十分に感じよう。視線は正面に。左右逆パターンも、やってみよう。

STRETCH
8 お腹ひねり

前ページで紹介した[STRETCH7]の姿勢から上体を左側へひねる。腹直筋だけでなく腹斜筋も、しっかりと伸ばすことができる。また、腰部分にも伸びが感じられる。

肩の力を抜いてリラックス。腹部の伸びを意識しながら行う。左右逆パターンもやってみよう。

視線の高さを変えずに上体をひねる

視線の高さは変えずに上体をひねる。すると、脇腹が、しっかりと伸びる。

STRETCH 9

背中反り

脇の下周り、そして胸周りの筋肉をしっかりと伸ばしていく。日なたぼっこをしながらノビをする猫になった気分で、リラックスして上体を沈めてみよう。

床にひざをついた状態から上体を前へ伸ばすように倒していく。背中を反らせて胸、脇の下周辺の筋肉に伸びを感じよう。胸、背中周りが柔軟になれば背中で弧を描くことになる。

日なたぼっこをする猫になった気分で!

指先を床に沿って真っすぐに前へ伸ばしていく。

STRETCH

10 肩

肩部の深層筋（インナーマッスル）にも、しっかり刺激を与えていこう。体幹を真っすぐにして伸ばしている肩の側に顔を向ける。背骨周りも伸ばすことができる。

真っすぐに横に伸ばした左腕に、ひじを曲げた右腕をクロスさせて手前に引く。左右逆パターンもやってみよう。正座の姿勢で行ってもよい。

ひじを曲げてクロスさせた腕を手前に引く

STRETCH 11 脇の下伸ばし

脇の下から体側の筋肉をしっかりと伸ばす。ここでは正座バージョンを紹介するが、立った姿勢で行ってもよい。

右腕を上から後方に回し、左手で右ひじを左側に引く。脇の下周りに伸びを感じることができる。左右逆パターンもやってみよう。

視線は正面に向け体幹を真っすぐに保つ

背筋を真っすぐにして行ってこそ体側部を効率よく伸ばすことができる。背中を反らしすぎたり、丸めたりしないように注意。

STRETCH 12

背中伸ばし

正座をし、背中を丸めるようにして指を組んだ両腕を前方に伸ばす。肩甲骨が背骨側から左右に開くように意識する。頭を下げると背中に伸びを感じることができる。

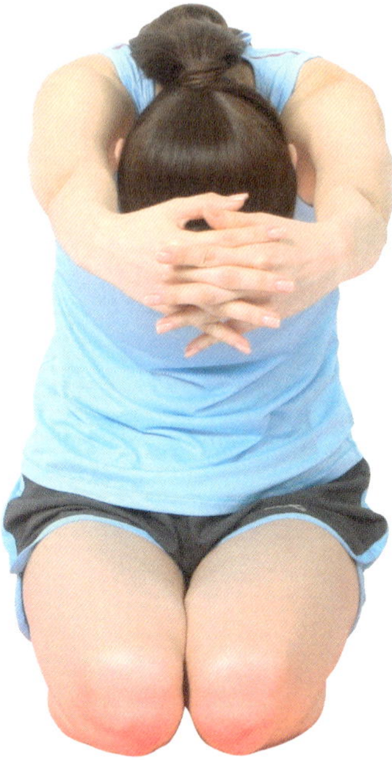

手の指は写真のようにしっかりと組む。背中全体を伸ばして心地よさを感じよう。

肩甲骨を開くようにして背中に伸びを感じよう

前方へ伸ばした腕と床のラインが平行になるように。

STRETCH 13

胸

両腕を背後に回して組み後方へと引く。左右の肩甲骨をしっかりと背骨側に寄せて胸の筋肉を伸ばしていこう。

指の組み方は、行いやすいもので構わない。大切なのは、胸部にしっかりと伸びを感じること。

しっかりと胸を開いて伸ばそう

腕が後方に引かれるイメージで行うと胸の筋肉を効率よく伸ばせる。

STRETCH 14

肩甲骨

肩甲骨周りを柔軟にして、体幹の動きを良くしよう。ゴルフ、テニス、野球などスイング系の動きを伴うスポーツを行う人には特に有効なストレッチ。ただし、まだカラダの硬い人は無理をしないように。

右ひざを立てて座り、手の甲を腰に当てながら右腕のひじを右足の内側に入れる。視線は正面に向けて、上体の開きを抑えるために左腕は前方に伸ばす。

手の甲を腰に当てひじを足の内側に!

STRETCH 15

ふくらはぎ

抗重力筋の一つでもあるふくらはぎの筋肉も、しっかりと伸ばして、ほぐしておきたい。腕立て伏せを行う際の姿勢から両脚をクロスさせる。ふくらはぎの伸びを感じながらやってみよう。

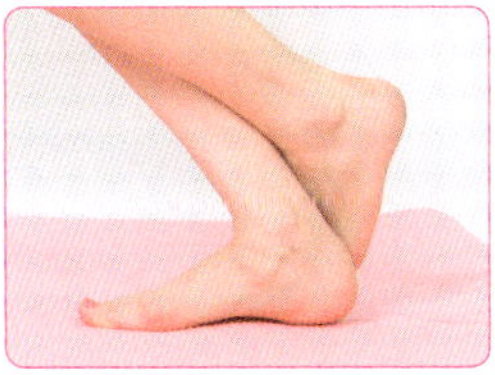

バランスを保ちやすい程度に手幅を開く。右足のかかとを床に密着させることで、ふくらはぎをしっかりと伸ばすことができる。左右逆パターンもやってみよう。

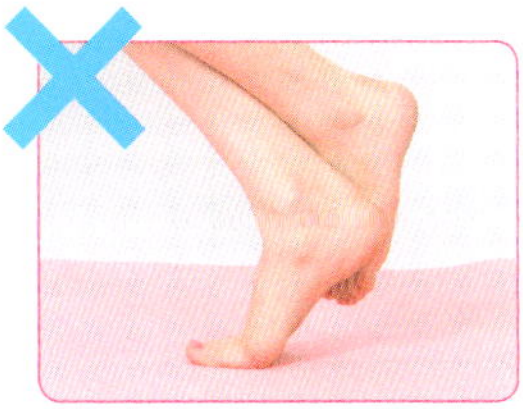

かかとを床から浮かせてしまうと、ふくらはぎに十分な伸びを感じることができない。

床につけた足のかかとは浮かせない!

STRETCH 16 太もも外側&股関節

96ページで紹介した[STRETCH 2]からの変形バージョン。ここでは太ももの外側から股関節（脚の付け根）にかけて、しっかりと伸ばしていこう。

床に座り、後方に両手をつき、両ひざを曲げて右足を左ひざの上に乗せる。この姿勢から視線の高さを変えないようにして首を左にひねる。

ひざ下をマットから浮かせないように注意しよう

太もも外側、股関節だけではなく腰周りにも伸びを感じることができる。左右逆パターンもやってみよう。

STRETCH 11

ふくらはぎ&太もも裏側

歩く、走るをはじめスポーツの基本動作に深く関わるハムストリングスは常にケアしておきたい。背骨周りの筋肉もしっかりと伸ばすことができる。

床に座った状態から左手を後方につき、右手で左足の裏を持ちながら上体をひねる。すると、太ももの裏側に伸びが感じられる。左右逆パターンもやってみよう。

ハムストリングスにしっかりと伸びを感じよう

右手で持った左足のひざを真っすぐに伸ばす。ひざを曲げてしまうと太もも裏側に十分な伸びを感じることができないので注意。

STRETCH

18

ふくらはぎ

かかとを高く上げるイメージで足を持ち上げ、ふくらはぎ部分の伸びをしっかりと感じたい。カラダの硬い人は無理をせずに、ゆっくりとやってみよう。

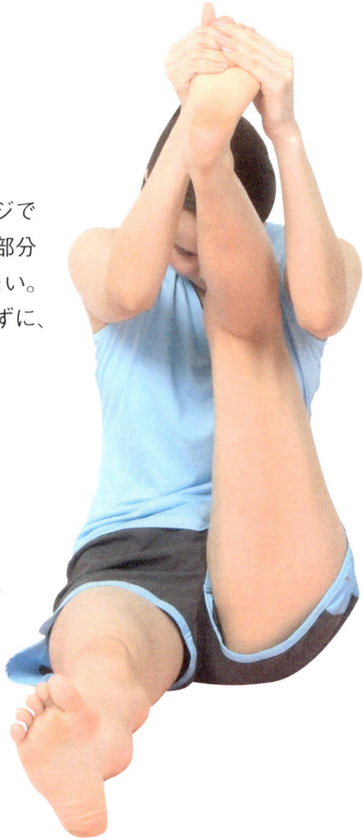

床に座り、両手で左足を持ち、ひざと胸を合わせるように手前に引き付ける。左右逆パターンもやってみよう。

頭部を内側に入れ、かかとを高く上げる

かかとを高く上げると、ふくらはぎがしっかりと伸びる。できる人は、頭部をもう少し下げて、かかとをさらに上げてみよう。

首ストレッチ

STRETCH 19

首後ろ

両手で頭部を抱えて前に倒し、首の後ろの筋肉を伸ばす。手で頭部を強く引きすぎないように注意しながらやってみよう。

伸ばす箇所は首の後ろ側。この部分の柔軟性を高めれば、肩凝りの予防にもなる。

体幹は真っすぐ! 首後ろに心地よい伸びを感じる

正座し、背中を丸めないように注意しながら頭部を抱える。立った姿勢で行ってもよい。

STRETCH 20

首前

片手で胸を軽く押さえ、もう一方の手であごを押し上げるようにして、首の前部分の筋肉を伸ばす。肩に力を入れずにリラックスしてやってみよう。

首を痛めるほどに無理にあごを押し上げる必要はない。胸に置いた右手でわずかに下に向けて力を加える。左右逆パターンもやってみよう。

あごを押し上げ、首前に伸びを感じる

伸ばす箇所は首の前部。体幹は真っすぐに保ち、頭部を後方に反らせながら、しっかりと伸びを感じよう。

STRETCH 21

首横

片手を頭部に置いて、そのまま頭部を横に倒す。首の横側をストレッチすることができる。

正座の姿勢で右手を頭部に置き、左腕はひじを曲げて後方に回す。右手の力でゆっくりと頭部を横に倒す。左右逆パターンもやってみよう。

手の力でゆっくりと首を横に倒す

体幹は真っすぐに。立った姿勢で行ってもよい。また、首を斜めに倒すと首の異なった部分を伸ばすことができる。

STRETCH 22 股関節

脚を前後に開いた状態から重心を真下に下ろしていき、股関節に効かせる。股関節の柔軟性を高めれば、骨盤の動きも良くなる。

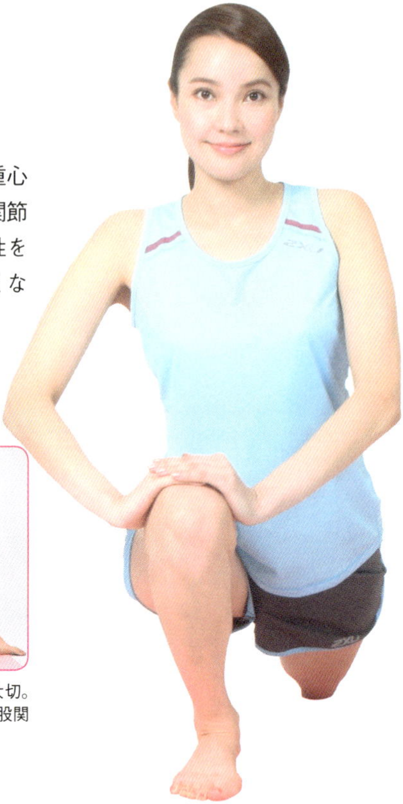

視線は真っすぐ前に向けることが大切。下を向いて背中を丸めてしまうと、股関節を効率よく伸ばせない。

後ろに伸ばした脚の、つま先は立てない!

後ろに伸ばした脚で弓を引くようにして、股関節を前へ突き出すイメージで行う。視線は正面に向け背中のラインは真っすぐに。左右逆パターンもやってみよう。

STRETCH 23 背中伸ばし

上体を斜めに倒して背中の筋肉をしっかりと伸ばす。肩甲骨周りの柔軟性を高めることができる。

床に座り、左手で右手首をつかみ、上体を斜め横に倒していく。左右逆パターンもやってみよう。

肩甲骨周りの筋肉に柔軟性を持たせる

体幹ラインは真っすぐにしたまま行う。それにより、肩甲骨周りの筋肉がしっかりとストレッチできる。

Active Stretch

CHAPTER 3

アクティブストレッチ

各部位の伸びを全身の動きにマッチさせる

　ここからは、アクティブな動きも伴ったストレッチを紹介しましょう。各部位の伸びを全身の動きにマッチさせるため、複合的にカラダの部位を伸ばす動きを数多く取り入れています。単に形をまねずに、しっかりとカラダの伸びを感じてください。

　ただ大切なのは、柔軟性を求めるあまりに急激な変化を求めないことです。アクティブストレッチには、カラダの硬い人にとって難しい種目もありますから、じっくりと行い徐々に柔軟性を獲得していきましょう。また、このメニューは、ベーシックストレッチを完全にマスターしてから取り組んでください。

STRETCH 24 肩のインナーマッスル

104ページで紹介した［STRETCH10］のアクティブバージョン。真っすぐに伸ばした片腕に、もう一方の腕をクロスさせて手前に引く。手のひらの向きをさまざまに変えながら肩部の深層筋（インナーマッスル）にも刺激を与えていこう。背骨周りも同時に伸ばせる。

手のひらの向きを変えながらインナーマッスルを刺激する

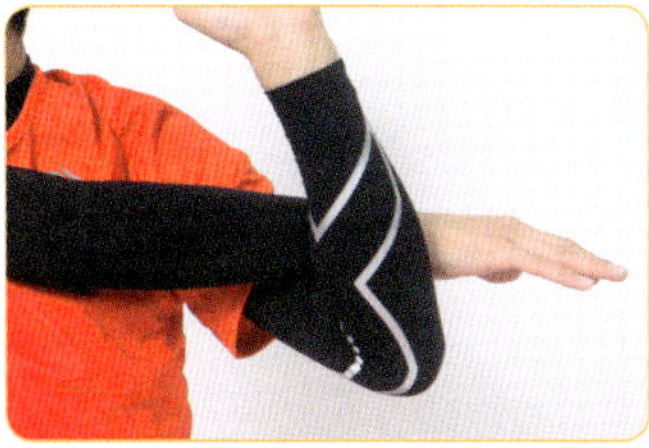

手のひらを下に向ける。肩周りに伸びを感じながらやってみよう。

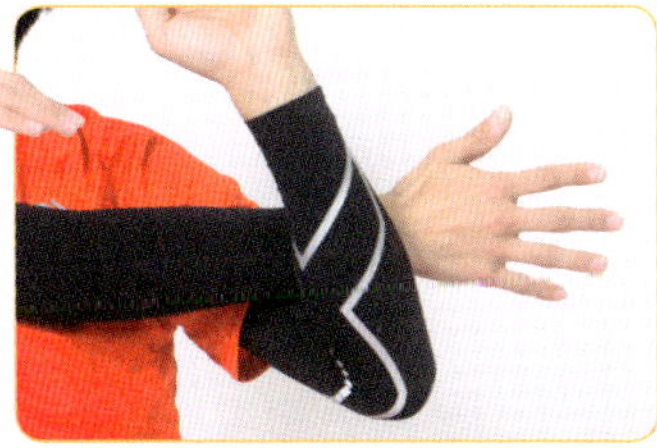

手の甲を正面に向ける。異なった角度から肩の深層筋を伸ばせる。

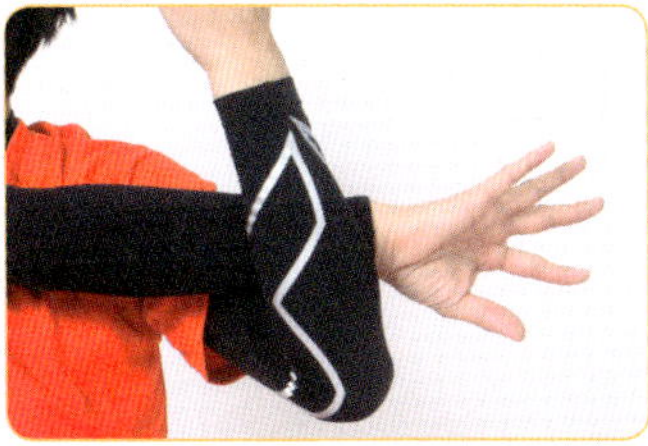

手のひらを正面に向ける。いずれも左右逆パターンもやってみよう。

STRETCH 25

腕の付け根&胸

床の上に座って後方に手をつき、腕の付け根から胸にかけてを伸ばす。肩甲骨を背骨側に寄せて、しっかりと胸を開くイメージを持ちながらやってみよう。

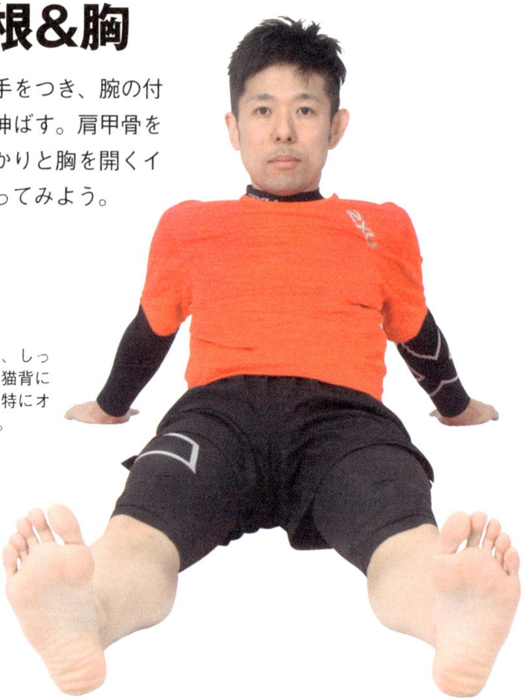

視線は正面に向けて、しっかりと胸を開こう。猫背になりがちな人には、特にオススメのストレッチ。

「胸を開く」イメージを持って!

ひじは真っすぐに伸ばす。前に伸ばした脚のひざも曲げないようにしよう。

STRETCH 26 上腕伸ばし

上腕裏側の筋肉にも、しなやかさを持たせておきたい。ひじ関節と肩甲骨をほぐしてから行うと、ストレッチ効果が、さらにアップする。105ページの［STRETCH11］と形は似ているが、こちらは上腕を横方向ではなく、真後ろに引いて行う。

正座の姿勢から、左腕を後方に回し、右手で左ひじを後方へ引く。左右逆パターンもやってみよう。

ひじを真後ろに引く

**上腕の筋肉にも
しなやかさを保ちたい**

伸ばすのは主に上腕三頭筋。背中を反らして無理に腕を押し込む必要はない。また、立った状態で行ってもOK。

STRETCH 27

上体前倒し

両手をカラダの後方で組んでひじを真っすぐに伸ばして胸を張る。この姿勢から上体を前へと倒していこう。胸、そして腰を中心にカラダの背面をしっかりと伸ばせる。

「上体前倒し」は、カラダの柔軟度を測るバロメーターでもある（19ページ参照）。ここまでしか上体が倒せないなら、あなたのカラダには柔軟性が不足している。

ここまで上体を倒せればOK。ストレッチを日々続ける中で、この状態にまで持っていこう。

日々、ストレッチを続ければ、さらに柔軟度がアップ。そのことを「上体前倒し」で実感しよう。

「柔軟バロメーター」にトライ！

STRETCH 28 左右ゴロゴロ

ひざを両手で抱え、カラダを後方に倒した「だるまさん状態」で左右にゴロゴロと転がってみよう。背骨周りの筋肉をゆるめることができる。

ひざを抱えて後方に倒れた姿勢。この状態をキープするだけでも背骨周りの筋肉を伸ばせる。

背中を床につけて左右に転がる

左側にもカラダを転がす。この「左右ゴロゴロ」には腰の張りを解消する効果もある。

体育座り（両ひざを抱えて床に座った姿勢）からカラダを後方に倒し、背中を床につける。

右側にカラダを転がす。背中が伸びると同時に、マッサージ効果も得られる。

STRETCH 29

太もも表側

立った状態で太もも表側を伸ばす。上手にバランスを保ちながらやってみよう。うまく片脚立ちができない人は、左（もしくは右）手を壁につき、空いた手でつま先を持ってもよい。

ひざを曲げた脚をもう一方の脚よりも前に出さないように注意。

視線を正面に向け体幹部分は真っすぐにして立ち、両手を背後に回して左足のつま先部分を持つ。左右逆パターンもやってみよう。

バランスを得ながら太もも表側を伸ばす

伸びを感じる箇所は、つま先を持っている側の脚の太もも表側。靴を履いた状態でも行える。

STRETCH 30

太もも裏側

脚を交差させて立った姿勢から上体を前へ倒す。太もも裏側を中心に、さらには腰と背中もストレッチをすることができる。

背中を丸めて上体を前に倒す。両ひざは伸ばしたままで行う。脚を左右逆に交差させたパターンもやってみよう。

足を交差、ひざを曲げずに上体を前へ倒す

手のひらが床にベッタリとつくのが理想だが、そこまでできなくても構わない。できる範囲で上体を前へ倒し、徐々に柔軟性を高めていこう。

STRETCH 31

伸　脚

脚を開いて立った状態から片脚を伸ばし、片ひざを曲げるようにして腰を下ろす。伸ばした脚の太ももの裏側、股関節がストレッチされる。

視線は正面に向け、手を前方で組み、伸ばした足の指は上に向ける。左右逆パターンもやってみよう。

太ももの裏側、股関節を軟らかく

バランスが保ちにくい場合は両手をそれぞれのひざに当てて行ってもOK。大切なのは太ももの裏側、股関節にしっかりと伸びを感じること。

STRETCH
32

足首&すね伸ばし

足首の前面からすね部分にかけてを効果的に伸ばす。カラダの硬い人は無理をせずに、できる範囲でゆっくりとやってみよう。

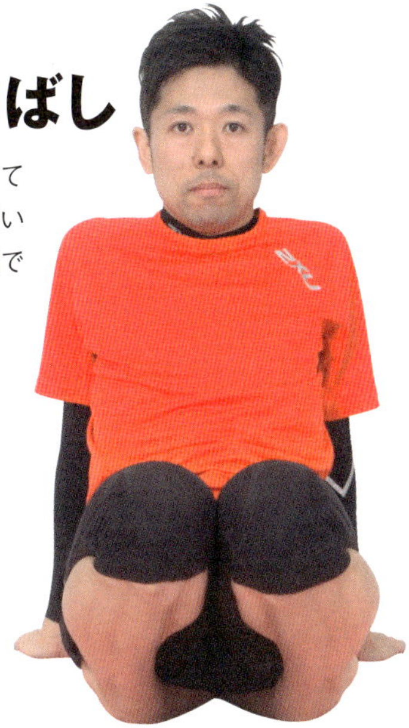

正座をして両手を背中の後ろにつき、後方に体重を預ける。すね部分がしっかりと伸ばせる。

自重を用いて足首、すねを柔軟にしていく

お尻と足裏が接する形になる。足首の前部分からすねにかけてが、しっかりと伸びていることが実感できる。

STRETCH 33

あぐらストリーム

背中を中心に上半身をしっかりと伸ばす。指先が上に引っ張られるイメージを持ってやってみよう。

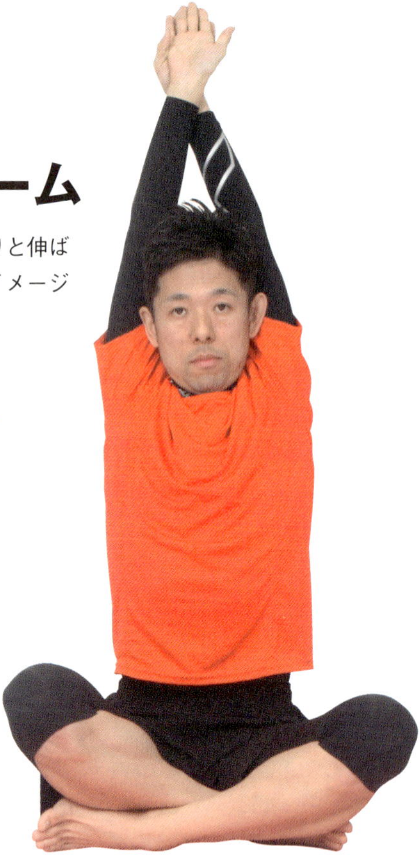

あぐらをかいて座り、両手を重ね合わせて、腕を真っすぐ上に伸ばす。背中、胸など上半身に心地よい伸びを得ることができる。

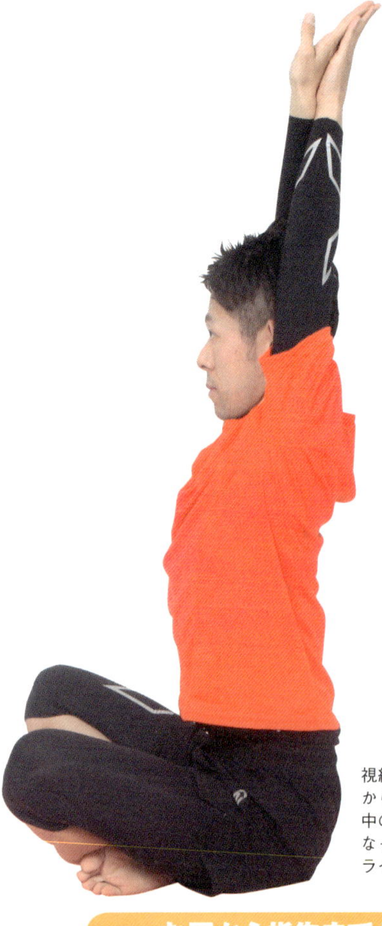

視線は正面に向け、お尻から手の指先をつなぐ背中のラインが真っすぐになった姿勢（ストリームライン）を作る。

お尻から指先までが真っすぐに伸びる

STRETCH 34

開脚側屈&前屈

床に座り脚を大きく開き、脚に沿うようにして上体を左右に、また前方へと倒す。股関節の柔軟性を養っていこう。

伸ばした左脚の方向にカラダを倒す。伸ばしているひざ裏を浮かさないように注意しながらやってみよう。

両手がつま先に届くのが理想だが、そこまでできなくても構わない。できる範囲で上体を倒していこう。

ひざの裏側を浮かせないように注意!

両脚を大きく開いた状態から、手を床に沿わせながら、上体を倒す。こちらも、できる範囲で行い、徐々に柔軟性を獲得していこう。

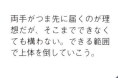

STRETCH
35 手のひら前後タッチ

脚を開いて真っすぐに立った姿勢から両腕を前後に動かし、その都度、手のひらをタッチさせる。胸周りの筋肉の柔軟性を高めるのが狙い。リズミカルに動かしてみよう。

視線を正面に向けて真っすぐに立ち、腕を前方に伸ばして手のひらを合わせる。ひじは真っすぐに伸ばしておく。

両腕を後方に回して手のひらをタッチ。肩甲骨の動きを感じることができる。

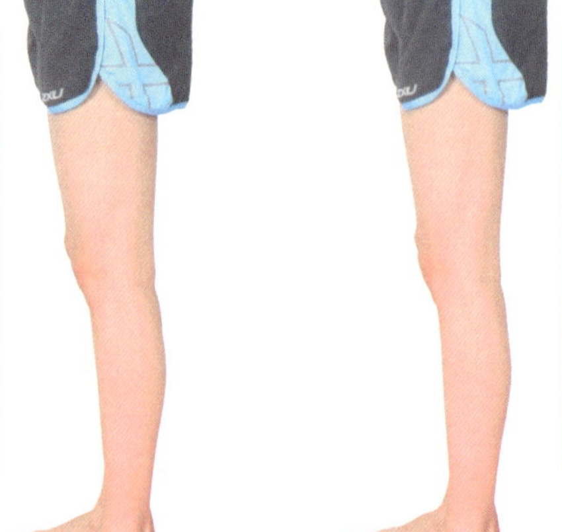

腕は高く差し出そう。低すぎてはNG。床と腕が平行になるのが理想の形だ。

腕を後方に回した時にひじを曲げては駄目。胸に伸びを感じられない。

胸周りの柔軟性を養おう

STRETCH 36

手のひら上下タッチ

右ページ［STRETCH35］の応用バージョン。今度は、腕を上下に動かし、その都度、手のひらをタッチさせてみよう。さらに背中、肩を柔軟にできる。

両腕を高く上げて頭上で手のひらをタッチさせる。体幹を真っすぐにしたまま、姿勢は崩さないように。

背後に両腕を回して手のひらをタッチ。肩甲骨の動きを感じながらリズミカルにやってみよう。

〈前から見ると…〉

〈前から見ると…〉

体幹を真っすぐに。ひじも曲げないように

STRETCH

37 上体回し

背中や腰、体幹部にしっかりとストレッチをかける。このアクティブな動きが、カラダ全体を目覚めさせてくれる。大きく上体を動かそう。

足幅を広くし、両腕を広げて、真っすぐに立つ。視線は正面に向ける。

上体を左右に大きくひねる。体幹を真っすぐにして行えば、背中や腰に心地よい伸びを感じることができる。

背中や腰、体幹に心地よい伸びを感じよう!

STRETCH 38

ツイストステップ

真っすぐに立った状態から、腰をひねる感じでツイストステップを踏む。体幹を真っすぐにして腰をひねることで全身の筋肉をアクティブに動かすことができる。

足をとじたまま小さくツイスト

足をそろえて、しっかりと腰をひねりながら小さくジャンプ。リズミカルにステップを踏んでみよう。

足を開いて大きくツイスト

脚を開いて、少し大きめにジャンプ。しっかりと腰をひねって、リズムよくやってみよう。

しっかりと腰をひねる！　リズミカルに動く！

STRETCH 39

ひざ曲げブラブラ

44ページの［RESET38］と同じ動作をここではリズミカルにやってみよう。真っすぐに立った姿勢から両腕を左右に広げる。この状態から片脚のひざを高く上げ、また後方に大きく振ることで、股関節にストレッチがかかる。

視線は正面に向ける。左右に広げた両腕でバランスを保ちながら、ひざを高く突き上げよう。

体幹を軸に、ひざを前後に大きく動かす

背中のラインを真っすぐにし、前方にひざに高く突き上げる。その後、後方にひざを振る。左右逆パターンもやってみよう。

STRETCH 40

だるまさん起こし

ひざを抱えて座った姿勢から、ゆっくりと後方へ転がり、その後、元の体勢に戻る。しっかりと背中の筋肉を伸ばすことができる。

ひざを抱えた座位姿勢。ここから背骨を一つ一つ床につけていくように、ゆっくりと後方へと転がる。

後方に転がった状態。この時、背中が丸みを帯びて筋肉が伸びている。ここから元の姿勢へと戻る。この動作を勢いも使って繰り返しやってみよう。一見すると簡単そうだが、腹筋が弱っていると起き上がることができない。

カラダを後方に転がして起き上がる

STRETCH 47

両脚左右倒し

うつぶせになってひざを直角に曲げた姿勢から脚を左右に倒す。この動作を、ゆっくりと繰り返し行うことで、お腹、体側にストレッチをかけることができる。

うつぶせになり手を重ね合わせて顔を正面に向ける。脚のひざは直角に曲げてスタート姿勢をとる。

上半身は固定、下半身を左右へ動かす

両脚を右側に倒す。右の腹斜筋が刺激され、左の体側にストレッチがかかる。

左側へも両脚を倒す。今度は左の腹斜筋に刺激が入り右の体側が伸びる。

STRETCH 42

片脚タップ

片脚で立ち、もう一方の脚先で床を軽くたたく（タップ）ように、動かしてみよう。両腕を左右に伸ばしてバランスを保ちながら行う。股関節を効率よく動かすことができる。

左脚で立ち、右ひざを高く上げる。その後、左脚に交差させるように右脚で床をタップ。再びひざを高く上げて動かしながら、元の姿勢に戻る。視線は正面に向けて体幹を真っすぐにして行うことが大切。左右逆パターンもやってみよう。

リズムよくステップ!　股関節の動きを活性化

STRETCH 43

バウンディング

胸と股関節をしっかりと伸ばす複合的ストレッチ。体幹を真っすぐに保ちながら重心を上下させてみよう。

両手を重ねて頭上に上げ、両脚は前後に大きく開く。背中のラインは真っすぐに。この姿勢から重心を下ろし、再び上げる。この動作をゆっくりと繰り返し行う。

しっかりと胸を張り重心を上下に移動

視線は常に正面に向けて行う。ストレッチ効果のみならず体幹力も養えるエクササイズだ。脚を前後逆にしたパターンもやってみよう。

STRETCH 44

左右肩入れ

朝、起きた直後にベッド、あるいは布団の上で行うのに適したストレッチ。背中、体側、そして肩部を心地よく伸ばすことで、カラダを目覚めさせてくれる。

上半身に心地よい伸びを感じよう

床に両手、両ひざ、両つま先をつけてスタート姿勢をとる。視線は正面に向ける。

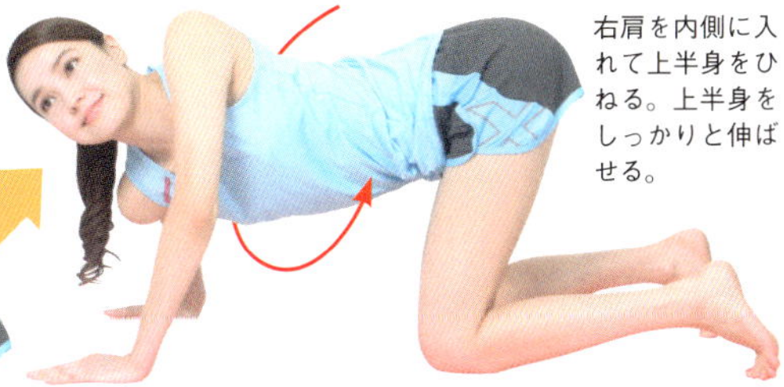

右肩を内側に入れて上半身をひねる。上半身をしっかりと伸ばせる。

左肩を内側に入れるパターンもやってみよう。体側に心地よい伸びを感じることができる。

STRETCH

45 股関節＆胸部

正座をし、両手を頭部の後方で組み、片脚を後方へと伸ばす。股関節、また、胸部の筋肉をしっかりと伸ばすことができる。

視線は正面に向けて胸を張る。下を向いてしまうと背中が丸まり、ストレッチ効果が得にくいので注意。

胸を張り、背中のラインは真っすぐにして!

背中のラインは真っすぐに保って行おう。また、つま先は立てずに甲部分が床に沿うようにする。左右逆パターンもやってみよう。

STRETCH 46

ふくらはぎ

抗重力筋であるふくらはぎ部分も、しっかりと伸ばそう。肩甲骨周りにもストレッチをかけることができる。

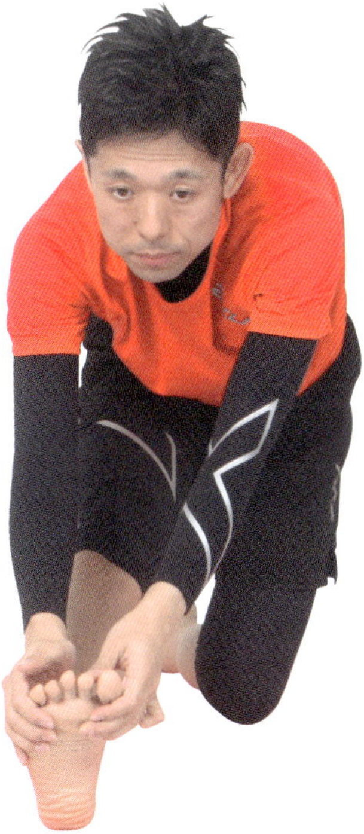

床に片ひざをつけた状態でもう一方の脚を両手で持つ。その後、ひざを真っすぐに前に伸ばすと、ふくらはぎに心地よい伸びを感じることができる。

片足を両手で持ってふくらはぎをケア

お尻を突き出すようにしながら、右脚のひざを伸ばしていく。左右逆パターンもやってみよう。

STRETCH 47

あおむけ寝「4の字」

あおむけに寝て高く伸ばした片脚を両手で持ち、そこへもう一方の脚を、クロスさせる。脚で「４の字」を描き両手で片脚をわずかに引いてみよう。

伸びを感じることができるのは、伸ばしている脚のお尻と太ももの裏側。

お尻から太ももにかけて心地よい伸びを感じよう

右脚を添え「４の字」状にすることで左脚のひざを曲げないようにできる。左右逆パターンもやってみよう。

STRETCH 48

腕前後振り

一旦、上体を沈めてから、腕の振りを伴って上体を伸び上がらせる。リズミカルに、この動きを繰り返しやってみよう。胸、肩、肩甲骨周りの筋肉をケアできる。

腕を前方に大きく振りながら上体を起こす。視線は正面に向け、胸をしっかりと張ろう。

上体を前に倒し、両腕を後方に大きくスイングさせる。この時、肩甲骨が中央に寄る。

胸、肩、肩甲骨周りの筋肉を伸ばす

STRETCH 49

ふくらはぎ＆太もも＆胸

ふくらはぎ、太もも、胸をしっかりと伸ばすことのできる複合的ストレッチ。床に片ひざをつけ、真っすぐに後方に腕を伸ばしながら指を組む。その状態から片脚を前に出して上体を倒していく。

両腕は真上に伸ばすことで胸周りの筋肉が伸びる。

アクティブな動きで複合的に筋肉を伸ばす

前に出した右脚のひざは伸ばしておく。これにより、右のふくらはぎ、太ももにストレッチがかけられる。左右逆パターンもやってみよう。

STRETCH 50 股関節&お腹&太もも

股関節、お腹、太ももを中心に伸ばすことのできる複合的ストレッチ。四つんばいの姿勢から片脚を腕の前に回し、もう一方の脚は後方へと伸ばす。

視線は正面に向け背中のラインは真っすぐに

視線は正面に向け、背中のラインは真っすぐに。後方に伸ばした左足のつま先は立てずに、甲部分を床に沿わせる。左右逆パターンもやってみよう。

目的別プログラム

ゆるめる リセット Reset
＋
ほぐす マッサージ Massage
＋
伸ばす ストレッチ Stretch で

あなたのカラダの機能をアップする!

メニュー1 肩を壊さないカラダ作り
肩甲骨の動きを活性化させたい!

メニュー2 スポーツ選手が最初にやるべきこと
股関節の動きを大きく自由にしたい!

メニュー3 体幹強化はここから始まる
お腹周りの柔軟性を維持したい!

メニュー4 サッカーなどステップ系の競技に最適
足首のけがを防ぎたい!

メニュー5 ストレスのかからない骨格を形成する
バランスの良い姿勢を作りたい!

メニュー6 カラダのアクセル部分を強化しておく
基本的な柔軟性が欲しい!(1)

メニュー7 腰の回転をスムーズに行いたいなら……
基本的な柔軟性が欲しい!(2)

ここではリセット→マッサージ→ストレッチの流れで行う身体ケアの具体例を紹介する。
　目的に合わせた3ステップのプログラムにトライすることで、その効果を実際に体感してみよう。

メニュー
1

肩を壊さないカラダ作り

肩甲骨の動きを活性化させたい!

肩関節の可動性と全身のしなやかさアップのために
肩甲骨周りを柔軟にしよう。

Reset
リセット

22 片腕前後ブラブラ
〈36ページ参照〉

23 左右ひねり
〈36ページ参照〉

Massage
マッサージ

20 脇の下をほぐす
〈71ページ参照〉

50 肩甲骨の下
〈89ページ参照〉

Stretch
ストレッチ

14 肩甲骨
〈108ページ参照〉

24 肩のインナーマッスル
〈119ページ参照〉

スポーツ選手が最初にやるべきこと

股関節の動きを大きく自由にしたい!

メニュー 2

股関節の可動域を拡げ、パフォーマンスの向上、けがの防止に役立てよう。

Reset
リセット

14
ひざ立てパタパタ
〈31ページ参照〉

15
うつぶせパタパタ
〈32ページ参照〉

Massage
マッサージ

9
両手でひざを挟んで押す
〈65ページ参照〉

44
お尻の下
〈86ページ参照〉

Stretch
ストレッチ

5
ひざ抱きお尻伸ばし①
〈99ページ参照〉

22
股関節
〈116ページ参照〉

メニュー
3

体幹強化はここから始まる

お腹周りの柔軟性を維持したい！

腕や脚の動作の源となる体幹部。その中心である腹部のケアは必須のメニューだ。

Reset
リセット

15

うつぶせパタパタ
〈32ページ参照〉

19

お尻上げ下げ
〈34ページ参照〉

Massage
マッサージ

12

ひざから脚の付け根を押す
〈67ページ参照〉

47

お尻のラインに沿って
〈87ページ参照〉

Stretch
ストレッチ

7

お腹伸ばし
〈101ページ参照〉

41

両脚左右倒し
〈136ページ参照〉

サッカーなどステップ系の競技に最適

足首のけがを防ぎたい！

メニュー 4

スポーツでの負荷や疲労で硬化しやすい足首をほぐして伸ばし、けがを予防しよう。

Reset リセット

1 **かかと揺らし**
〈25ページ参照〉

5 **足首グルグル**
〈27ページ参照〉

Massage マッサージ

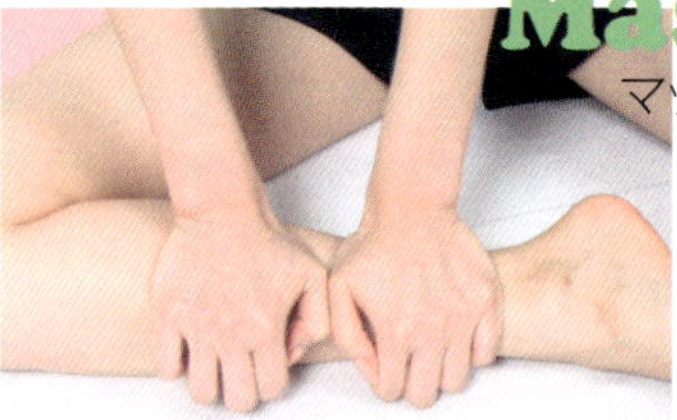

4 **ふくらはぎを内側からほぐす**
〈61ページ参照〉

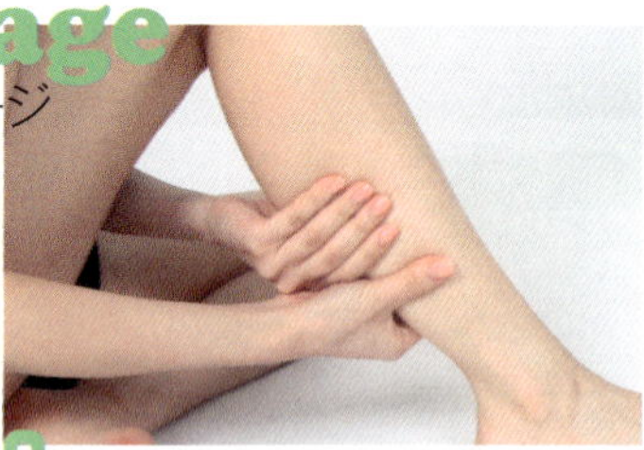

6 **ふくらはぎをつまむ**
〈63ページ参照〉

Stretch ストレッチ

18 **ふくらはぎ**
〈112ページ参照〉

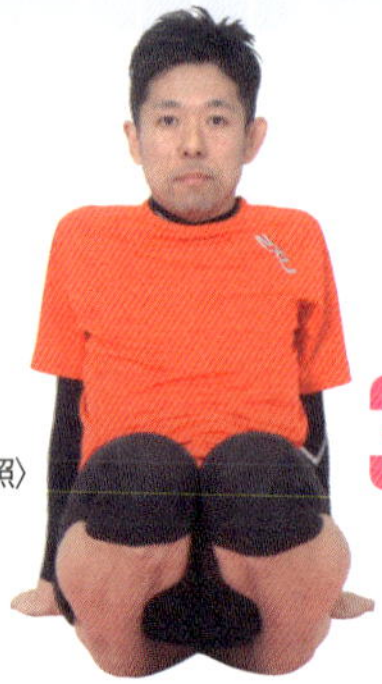

32 **足首&すね伸ばし**
〈127ページ参照〉

メニュー
5

ストレスのかからない骨格を形成する

バランスの良い姿勢を作りたい！

カラダの背面を中心に入念にケアする。正しい姿勢は良いプレーを生み出す基本となる。

Reset
リセット

20
上体回し
〈34ページ参照〉

21
肩甲骨スライド
〈35ページ参照〉

Massage
マッサージ

49
首を回す
〈88ページ参照〉

40
太ももの内側
〈84ページ参照〉

Stretch
ストレッチ

1
太もも裏側
〈95ページ参照〉

27
上体前倒し
〈122ページ参照〉

カラダのアクセル部分を強化しておく

基本的な柔軟性が欲しい!（1）

メニュー 6

カラダの柔軟性の指標となる立位体前屈で両手のひらを床にピタリと接したい。太もも裏側が硬い人向けバージョン!

Reset
リセット

14
ひざ立てパタパタ
〈31ページ参照〉

16
片脚前後ブラブラ
〈32ページ参照〉

Massage
マッサージ

39
もも裏に挟む
〈83ページ参照〉

46
仙骨の下
〈87ページ参照〉

Stretch
ストレッチ

17
ふくらはぎ&太もも裏側
〈111ページ参照〉

47
あおむけ寝「4の字」
〈142ページ参照〉

メニュー 7

腰の回転をスムーズに行いたいなら……

基本的な柔軟性が欲しい!(2)

立位体前屈で両手のひらを床にピタリと接したい。
腰・背中が硬い人向けバージョン

Reset
リセット

24 **前後ひねり**
〈37ページ参照〉

28 **デンデン太鼓**
〈39ページ参照〉

Massage
マッサージ

16 **背後からほぐす**
〈69ページ参照〉

19 **肋骨周りを手のひらで押す**
〈70ページ参照〉

Stretch
ストレッチ

9 **背中反り**
〈103ページ参照〉

33 **あぐらストリーム**
〈128ページ参照〉

クーリング Cooling +ストレッチで スポーツ後の疲れを残さないようにしよう！

氷のう、アイスシートを用いてのクーリング。カラダに帯びた熱を冷ますことで、体内にたまっている疲労物質を取り除いていこう。疲労を回復させることは、その後のけが予防にも役立つ。ここでは、ストレッチを加えた、より効果的なクーリング法を紹介！

※クーリングは2～3分、その間に行うストレッチは10～15秒を目安に行う。1から7まで、順番に行うのがオススメ！

1 足　裏

まずは足裏から。カラダの中心（心臓部）に遠い部分から冷やしていくのがセオリーだ。

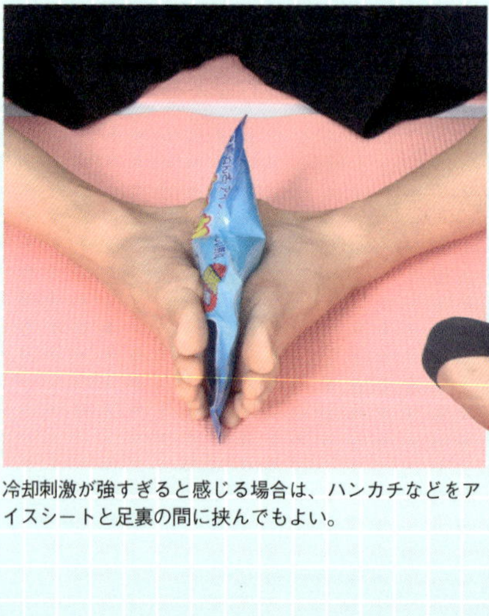

冷却刺激が強すぎると感じる場合は、ハンカチなどをアイスシートと足裏の間に挟んでもよい。

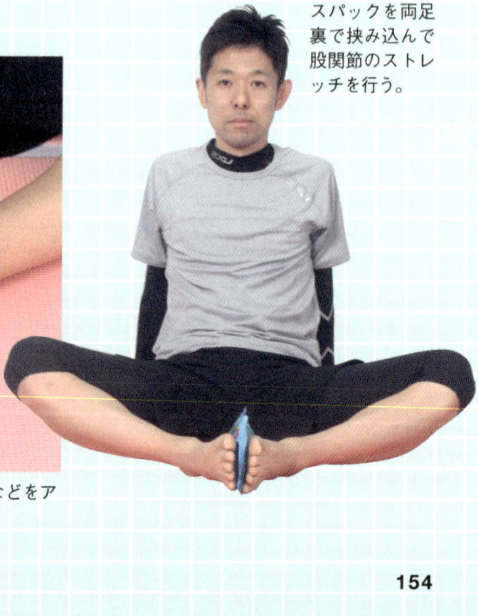

床に座り、アイスパックを両足裏で挟み込んで股関節のストレッチを行う。

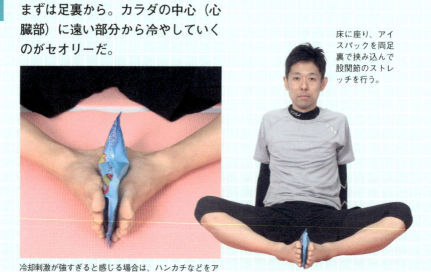

2 ひざの裏側

ひざの裏側を氷のうで冷やしながらひざの上下にある筋肉（太もも裏側、ふくらはぎ）を伸ばしてみる。

ひざの上にある太もも裏側を伸ばす［STRETCH30］＝125ページ参照。

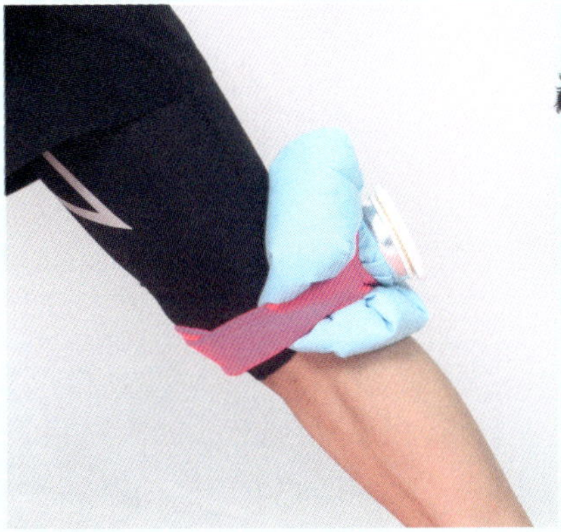

氷のうをひざの裏側に当てて、それをバンテージで固定する。左右冷やす。

ひざの下にある、ふくらはぎの筋肉を伸ばすのも効果的。

3 股関節

脚の付け根部分に氷のうを当てて股関節部分も冷やしていく。

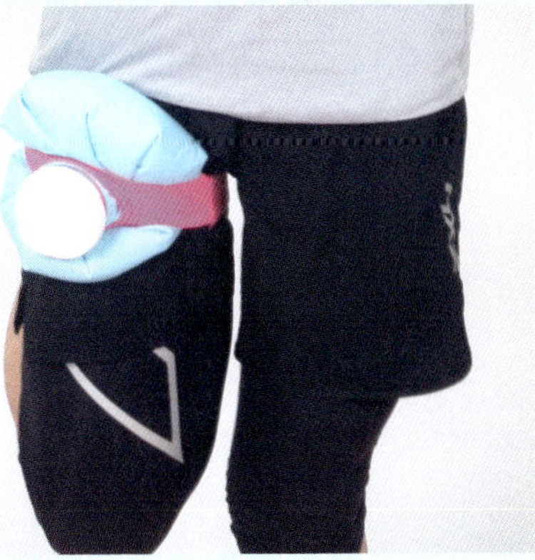

冷たさを感じやすい部分なので、衣服の上から氷のうを当てるようにしよう。左右冷やす。

太ももの表側を伸ばす［STRETCH29］＝124ページ参照。

4 ひじ

ここからは上半身のクーリング。ひじの内側を冷やし、関節周囲をケアする。

ひじは曲げず、真っすぐに伸ばした状態にし、そこに氷のうを当てる。左右冷やす。

両手の指を絡めて前腕部をしっかりと伸ばしていく。

5 首の後ろ

この部分のクーリングは、血液中の乳酸濃度を低下させ、疲労物質を除去するのに特に効果的。

アイスパックではなく氷のうを用いて冷やしても、もちろんOK。

両手でアイスパックを当てた首の後ろ側をしっかりと伸ばす。

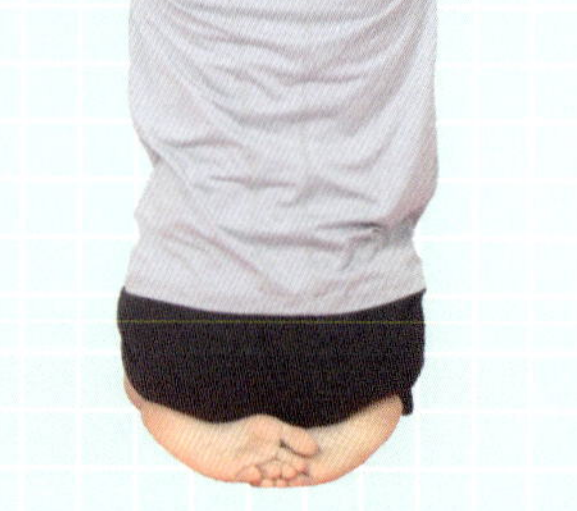

6 脇の下

脇の下に氷のうを当てることで、上半身に帯びた熱を心地よく冷ましていく。

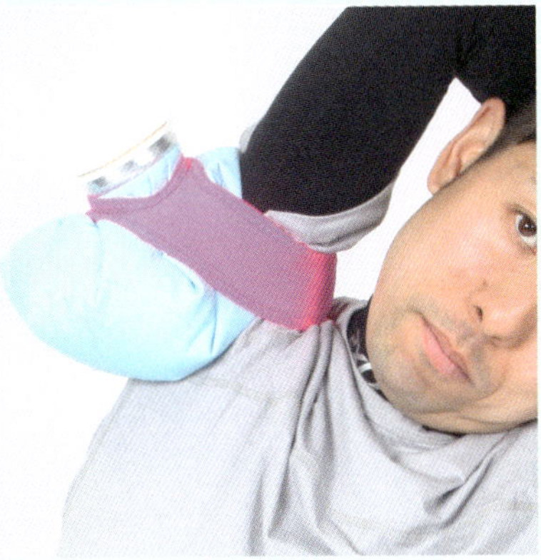

直接冷やしてもよいが、薄い布地の衣服の上から氷のうを当てても十分な効果が得られる。左右冷やす。

上腕、体側をしっかりと伸ばすと脇の下のクーリング効果が高まる。

7 手のひら

最後に手のひらを冷やす。自律神経の働きもコントロールでき心身共に安定を得られる。

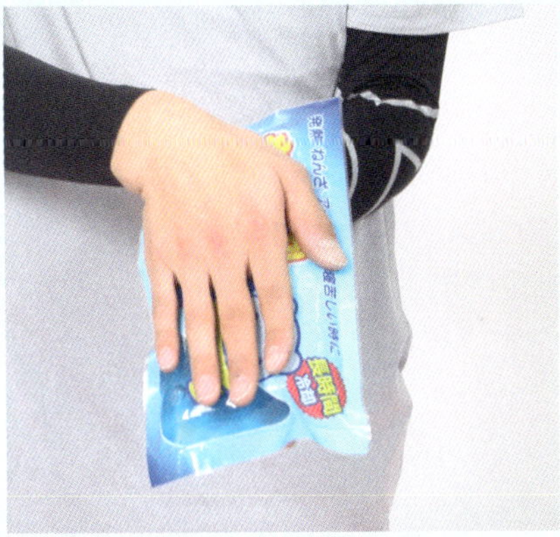

アイスパックを挟むようにして両手のひらを同時に冷やしていく。

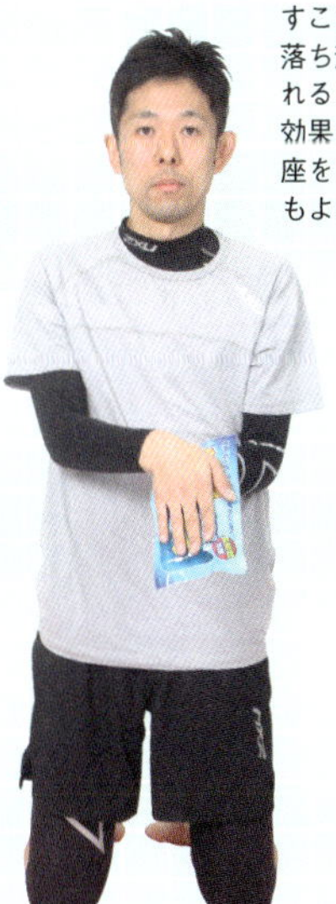

手のひらを冷やすことで、心の落ち着きを得られるメンタル的効果もある。正座をして行ってもよい。

 ※クーリングは、けが予防のために行うものです。痛みを伴っている場合は、専門医などに相談しましょう。

Epilogue
おわりに

腰を痛める、ひざを痛める、また、肩凝りがひどい……などなど。カラダの痛み、違和感に悩まされている人は、トップアスリート、市民ランナー、また特にスポーツをやっていない方まで幅広くいます。

私は日々、そんな方々のケアを行っています。

けがには、必ず理由があります。

偶発的な事故を除けば、ほとんどの場合、けがの原因は、日ごろからのカラダのケア、つまりは予防を怠ったためといってよいでしょう。

多くの方は言います。

「まさか自分のカラダが、こんなことになるとは思いもしませんでしたよ」と。

人間のカラダは何もしなければ重力に負け硬化し、けがを引き起こしやすい状態へと導かれていきます。それを未然に防いでもらいたい。それが、コンディショニングトレーナーとしての私の想いです。

今回、スポーツマッサージとストレッチの効果的なやり方を紹介してきましたが、ぜひとも皆さんにやっていただきたいと願います。

けがをした後は当然、ケアが必要です。でも、そのことよりもさらに重要なのは日ごろからけがを招かないコンディションを整えておくことなのですから。

前波卓也

1人でできるスポーツマッサージ&ストレッチ

コンディショニングトレーナー

前波卓也

(まえなみ　たくや)

1979年7月7日茨城県生まれ。学生時代に負ったけがをきっかけにトレーナーの道へ進む。専門学校卒業後、複数のプロアスリートの専属トレーナーや、チームトレーナーを歴任。現在は「Team AOYAMA」をサポートするほか、日本スケート連盟フィギュアスケート日本代表の強化トレーナーや、日本オリンピック委員会の医科学スタッフを兼任する。また、自身が主宰する「v-conditioning studio」では、ケアとトレーニングの両面から、障害予防・傷害治療を総合的にサポートしている。障害からの早期復帰や、ジュニア期のトレーニング指導にも定評があり、全国各地から指導依頼が寄せられている。これまでに培ってきた知識・経験を活かし、雑誌やDVDなどへの出演や監修なども多い。共著に『ランニング・コア・メソッド』(新星出版社)がある。

1人でできる
スポーツマッサージ
&ストレッチ

2015年2月20日　初版第1刷発行

著者　前波卓也

発行者　中川信行

発行所　株式会社マイナビ
〒100-0003　東京都千代田区一ツ橋1-1-1パレスサイドビル
電話　048-485-2383【注文専用ダイヤル】
03-6267-4477【販売部】
03-6267-4403【編集部】
URL　http://book.mynavi.jp

編集・構成　近藤隆夫

編集　竹田東山／倉本皓介(青龍堂)

写真　真崎貴夫

イラスト　勝山英幸

カバー・本文デザイン　雨奥崇訓／小林正俊

撮影モデル　Lilia（フロス）

ヘアメイク　麻里暁代

衣装協力　2XU（有限会社スタイルバイク）

印刷・製本　中央精版印刷株式会社

ISBN978-4-8399-5481-9　C0075